INQUISICIÓN Y CRÍMENES

ARTEMIO DE VALLE-ARIZPE

INQUISICIÓN Y CRÍMENES

Prólogo de Mauricio Carrera

Inquisición y crímenes
© Herederos de Artemio de Valle-Arizpe, 2008

D.R. © Editorial Lectorum, S.A. de C.V., 2008
Centeno 79-A, Col. Granjas Esmeralda
C.P. 09810, México, D.F.
Tel.: 55 81 32 02
www.lectorum.com.mx
ventas@lectorum.com.mx

L.D. Books
8313 NW 68 Street
Miami, Florida, 33166
Tel. (305) 406 22 92 / 93
ventas@ldbooks.com

Primera edición: abril de 2008
ISBN: 978-970-732-265-3

© Prólogo: Mauricio Carrera
© Portada: Raúl Chávez Cacho
© Imagen: *Auto de fe presidido por santo Domingo de Guzmán.*
Pedro de Berruguete (hacia 1495)

Impreso y encuadernado en México
Printed and bound in Mexico

EL DE HOY NO ES MI TIEMPO

MAURICIO CARRERA[*]

A José Luis Carrera, lector de *El Canillitas*,
cronista también de calles viejas y calles nuevas

Arrobado con los ángulos del paralelepípedo

"El de hoy no es mi tiempo ni las suyas mis costumbres". Tal es la sentencia que guió la vida y la obra de Artemio de Valle-Arizpe. Nacido en Saltillo, Coahuila, en 1884, fue hijo de un prominente político, ex gobernador de su estado natal, que lo educó en un ambiente tradicional y conservador. Lo hizo ingresar al Colegio de San Juan, presidido por jesuitas, y en San Luis Potosí lo puso al cuidado de monseñor Ignacio Montes de Oca y Obregón. Supo desde el principio la afición de su hijo por las cosas de la pluma, pero fomentó en él, con dureza y miopía porfiriana, el ejercicio de alguna carrera de provecho y no el de la literatura. En "Historia de una vocación", el propio de Valle-Arizpe da cuenta del golpe que recibió por parte de su progenitor al des-

* Mauricio Carrera (1959) es maestro en Letras Españolas por la Universidad de Washington. Ha sido becario del INBA (1985) y del Centro Mexicano de Escritores (1987). Es autor de *La viuda de Fantomas* (Lectorum, 1999) y *Saludos de Darth Vader* (Lectorum, 2001) entre otras obras.

cubrirlo en plena y gozosa lectura de *Pasionarias*, un libro de poemas de Manuel M. Flores.

—¿Qué estás leyendo? —le preguntó.

—Algo referente al paralelepípedo —fue la respuesta, dicha con voz temblorosa, como si se encontrara debajo de una ducha fría.

—Ah, ¿sí? Pues no comprendo que haya nadie en el mundo que haga los ademanes y gestos de orador enardecido que tú haces, arrobado con los ángulos del paralelepípedo. ¡A ver, qué tienes en el libro!

Una vez que vio el contenido, su padre, llevado por la furia, azotó el volumen contra el suelo, dejándolo, recuerda Valle-Arizpe, "todo desencuadernado, que inspiraba lástima, y yo me quedé largo rato viendo lucecitas de todos colores en gracia del rotundo manotazo que recibí en la cabeza"[1].

La letra con sangre entra, lo comprendió desde un principio, y también el estudio de la matemática, que aborrecía ("sus ecuaciones para mí endiantradas y el enredado galimatías del cálculo infinitesimal"), y del Derecho, que parecía imponerse como la carrera adecuada para un joven de su inteligencia y de su alcurnia. Por este último motivo viajó a la ciudad de México, donde se matriculó en la Escuela de Jurisprudencia. Terminó sus estudios y empezó una prometedora carrera como político. En 1910 llegó a ser diputado por Chiapas —entidad donde, dicho sea de paso, jamás puso pie—, ayudado por las influencias paternas en las altas esferas del gobierno. El arribo de la Revolución, sin embargo, truncó esta actividad. Fueron "años tremendos y desastrosos", dijo, donde "era imposible conseguir la tranquilidad con los ojos puestos en el hoy"[2]. De esta forma, el joven abogado de escasos 22 años se encontró de pronto en medio de dos mundos, por completo distintos: uno, que prometía un futuro incierto de convulsiones armadas para destruir el antiguo orden en aras de la modernidad y la igualdad social, y el otro, la certeza del pasado como asidero de la verdadera identidad personal y nacional.

La decisión fue fácil, Valle-Arizpe escogió el antaño, más que el hogaño, como pasión que orientaría su vida. "Del tiempo pasado" tituló, precisamente, una columna periodística aparecida en *El Universal*, donde comenzó a soltar la pluma y a dedicarse de lleno al que sería el tema de su predilección: la época colonial. Por supuesto, tal acción puede considerarse como escapista, como negadora de la realidad circundante ("fue indudablemente lo que llaman ahora un acto evasivo", como el propio cronista llegó a reconocerlo), pero también como la oportunidad para un joven inquieto, disciplinado y talentoso de hacer que confluyeran, ya sin el mandato paterno, las dos vertientes que constituían su verdadero ser: la del escritor y la del historiador.

Como ratón en queso de bola

Ya desde su niñez y adolescencia en Saltillo, Valle-Arizpe se interesó en las bellas letras. Aprovechaba cualquier momento libre para volcarse a la biblioteca del Ateneo Fuente y leer al "nocheriego" Arcipreste de Hita, al "innatural" Quevedo, al "infortunado" Juan Ruiz de Alarcón, a "la santa abulense" Santa Teresa de Jesús, a Gonzalo de Berceo, quien no había leído a "Aristótil" y, en fin, a la crema y nata de los escritores hispanoamericanos.

"Me solazaba con ellos con feliz dulzura", afirma. "Los leía y tornaba a leerlos, pues mi curiosidad no saciábase nunca y, a pesar de mi torpe inexperiencia juvenil, les encontraba cada vez más bellezas y palabras que me deslumbraban como joyas extraordinarias".

También por esta época leyó a los cronistas de Indias y se maravilló con su relato de la invención, destrucción y construcción del Nuevo Mundo.

Al igual que Bernal Díaz del Castillo, a quien México-Tenochtitlan le pareció "a las cosas de encanto que se cuentan en el libro de Amadís", a Valle-Arizpe el conocimiento del pasado en boca de sus testigos, estudiosos y protagonistas, le maravilló. "De ahí brotó mi curiosidad por la historia", como él mismo lo dijo. La biblioteca de Ignacio Montes de Oca y Obregón, en el Palacio Episcopal de San Luis Potosí, fue otro elemento que le afianzó su amor a la lectura. Entre sus paredes llenas de volúmenes antiguos se "sentía como ratón en queso de bola o como gato encerrado en pajarera". Era un muchacho imaginativo, disciplinado, ameno en su charla y sumamente estudioso. Su llegada a la ciudad de México fue otro hecho importante en su vida. La urbe lo deslumbró. Lo mismo que le sucedió a la condesa Calderón de la Barca, quien encontró que la muy noble y leal metrópoli "es el centro y es la esfera de toda la lindura", a Artemio de Valle-Arizpe le hizo exclamar: "No se sabe lo hermoso que es este ancho pedazo del mundo hasta que se vive en él". Se dedicó a caminar sus calles y a visitar sus iglesias, casas y palacios. También trabó amistad con poetas como José Juan Tablada y Manuel José Othón (del que escribió, incluso, una especie de biografía o "antología anecdótica", como la nombró[3]), así como con historiadores de la talla de Genaro García, Jesús Galindo y Villa y Luis González Obregón. Ellos le abrieron con amistoso desinterés sus bibliotecas y "me enderezaron los pasos por donde yo quería ir".

Un escritor regnícola

Su primer libro apareció en 1919. *Ejemplo*, era el título y se trataba de una novela. La publicó en Madrid, estaba dedicada a su madre y contenía ilustraciones hechas por Roberto Montenegro. No es casual que esta incursión inicial en el mundo de las letras haya sido con una obra de ficción. Artemio de Valle-Arizpe abrigaba la ilusión de abrazar una carrera literaria. Quería seguir los pasos de Ramón López Velarde (el gran poeta zacatecano quien, por cierto, le dedica el poema "Sus ventanas") y de su buen amigo Alfonso Reyes, al igual que las andanzas de autores tan

10

afamados como Amado Nervo, Luis G. Urbina y Enrique González Martínez. Escritor, sin duda, ése sería su sino. Lo fue, por supuesto, pero con una variante que conjugó atinadamente su amor por la historia y su pasión por las letras. Él mismo lo dice: "Con este bagaje me entregué a velas llenas al ameno oficio de tradicionista. Soy un escritor regnícola, esto es, un escritor de las cosas especiales de mi patria". Bajo la influencia del peruano Ricardo Palma y del argentino Enrique Larreta, Valle-Arizpe encontró en la recreación literaria de hechos, leyendas y tradiciones mexicanas una veta enorme sobre la cual escribir. Sus textos, aparecidos primeramente en su columna "Del tiempo pasado", eran largamente elogiados, aplaudidos, comentados y buscados. Gracias a sus conocimientos literarios, era capaz de escribir de forma ágil, amena y al mismo tiempo enterada e instructiva, sobre asuntos del pasado. Así fueron apareciendo libros como *Vidas milagrosas* (1921), *Cosas tenedes* (1922) y *La muy noble y leal ciudad de México, según relatos de antaño y ogaño*[**] (1924).

La época colonial y la ciudad de México se convirtieron en sus temas favoritos. Los asuntos de los virreyes, de la Santa Inquisición, los chismes de la corte, los hechos notables con la espada, la casa de los Ávila, las historias de fantasmas y aparecidos, las inundaciones que asolaron la capital, la historia de sus calles, plazuelas, iglesias y edificios, los canales que la cruzaron, los versos ingeniosos de José Vasconcelos, mejor conocido como el Negrito Poeta, los diversos amores lícitos e ilícitos de la Güera Rodríguez, las andanzas de Hernán Cortés —entre ellas, su huida de un marido celoso que le cuesta caer desde lo alto de una barda— constituyeron la fuente de sus textos, que producían el deleite y la aceptación de sus lectores. Fue tanto el éxito y reconocimiento público que obtuvo que, a la muerte de su maestro y amigo Luis

---

[**] La variante *ogaño,* sin la *h-* inicial, es poco usada hoy en día.

11

González Obregón, ocurrida en 1924, Valle-Arizpe ocupó por derecho propio el cargo de cronista de la ciudad de México. "Es éste el más alto premio que he tenido por mis afanes", dijo.

Mi trabajo ha sido escribir, mi descanso estudiar

El 2 de diciembre de 1931 fue nombrado miembro de número de la Academia Mexicana de la Lengua. Artemio de Valle-Arizpe tenía 47 años. Para ese momento ni siquiera había escrito sus obras fundamentales, como *Del tiempo pasado* (1932), *Virreyes y virreinas de la Nueva España* (1933), *El Palacio Nacional de México* (1936), *Por la vieja calzada de Tlacopan* (1937), *El Canillitas* (1941) y *Calle vieja y calle nueva* (1949), por mencionar algunas. Su habilidad con la pluma, sin embargo, su erudición y su carácter alegre, lo habían convertido en figura central de reuniones, tertulias, y en objeto de admiración y respeto para propios y extraños. Ya desde 1925 Luis G. Urbina lo consideraba un buen amigo y lo definía como "amante rendido así de la rancidez vigorosa de la lengua española, como de las tradiciones, leyendas, sucedidos y aspectos de la época colonial"[4]. Mi maestro Arturo Sotomayor —otro gran cronista de la ciudad de México— lo recuerda como "un señor discreto, medido pero jovial y pronto a incrustar anécdotas chispeantes o chascarrillos jocosos en la plática"[5]. Él mismo acostumbraba recordar cómo, al descubrir en una librería de viejo un libro suyo dedicado a un amigo, compró el ejemplar y se lo envió al susodicho con una nueva dedicatoria que decía: "Con el renovado afecto de Artemio de Valle-Arizpe". Don Artemio, como empezaron a llamarlo, era fácilmente reconocible por sus atuendos conservadores, sus gafas redondas y "sus bigotillos de puntas enhiestas". Se le veía de cuando en cuando enfrascado en una buena charla en compañía de amigos y admiradores, pero su vida giraba en realidad alrededor de sus investigaciones y su escritura. "Mi trabajo ha sido escribir, mi descanso estudiar", como él mismo lo dijo. Hacía suya la sentencia atribuida a Plinio: *nulla dies sine linea*, que él mismo pone en boca de Alexander von Humboldt en *La Güera Rodríguez* (1949). Es un precepto latino, dijo, "que muchos tenemos por norma inquebrantable"[6]. No pasaba un día sin redactar mínimo una línea. Escribió más de 50 libros, muchos de ellos de un grosor considerable, lo que sin duda es muestra no de una vana erudición sino de la dedicación y esmero que le ponía a su oficio.

José Luis Martínez recalcó el hecho de que la vida de don Artemio se volcó por completo a la investigación y la escritura. Después de haber sido diputado fugaz y de haber viajado a partir de 1919 a España y a Bélgica como miembro del servicio exterior mexicano, en su biografía posterior sólo podrían registrarse, afirmó, "los acontecimientos de las regulares apariciones de sus nuevos y sabrosos libros"[7]. Emmanuel Carballo recuerda que Valle-Arizpe vivía "como espartano en todo lo que no fuera la compra de libros (viejos y de primera importancia), su encuadernación impecable y hermosa (hecha en Bélgica o España) y la adquisición de muebles y objetos coloniales. Comía poco y sus gastos eran algo más que modestos". Tomaba el camión en la calle de Ajusco ("el Insurgentes-Bellas Artes o el Coyoacán-Colonia del Valle, cuya ruta terminaba en el México viejo"[8]) y Valle- Arizpe caminaba por la urbe colonial o se metía a hurgar en archivos antiguos y polvosos sobre los temas de su interés. Por la tarde regresaba a casa a escribir con su característico brío y ahínco: "En la calma apacible de mi biblioteca, henchida de viva claridad y en donde se saborea el silencio, sin ningún estrépito que turbe la ilación de las ideas, y en el cual no se oyen más que las campanadas de las horas que enfila un gran reloj de pesas en su lustrosa caja de caoba, que desde un rincón lanza sobre aquel sosiego su afanoso tictac, en esa paz sin ruido, frente a mi mesa, en la que se yergue la inefable blancura de un cristo de marfil enclavado en negra cruz taraceada y que con el dolor indulgente de sus ojos fijos me mira trabajar, me pongo a peregrinar por los fáciles senderos de la ideación, con espacio y calma, para crear, inventar, imaginar, urdir, que eso es lo esencial en el arte, que no es sino una evasión de la realidad".

La Güera Rodríguez

Una de sus obras más conocidas es, sin duda, *La Güera Rodríguez*. Artemio de Valle-Arizpe logra un buen retrato de esta singular mujer, que de alguna manera se adelantó a su época en lo que a la independencia personal y nacional se refiere. Era una mujer hermosa, quizá la más atractiva de su tiempo. Tenía "la gallardía de Rosa de Castilla en tallo alto", como la describe el cronista. "Era armoniosa de cuerpo, redonduela de formas, con carnes apretadas de suaves curvas, llenas de ritmo y de gracia; cuando caminaba y las ponía en movimiento, aun al de sangre más pacífica le alborotaban el entusiasmo. Alta no era, su cabeza llegaba al corazón de cualquier hombre". Se casó tres veces, pero doña María Ignacia Rodríguez de Velasco —su nombre verdadero— tuvo "otros casamientos en los que no tercia dios". Fue amante de un muy joven Simón Bolívar, de un científicamente apasionado Alexander von Humboldt y ni más ni menos que del emperador Agustín de Iturbide. Eso, por mencionar algunos de los muchos hombres con los que sostuvo amores. "Hay muchos indicios parleros de que jamás llegó a sentir el frío de la viudez", de que sus maridos ostentaron una muy notoria cornamenta y de que tuvo "tratos ilícitos" con muchos varones, incluidos algunos jerarcas religiosos. Pero, si bien este libro accede a la tentación morbosa de mostrarnos los deslices de tan bella y casquivana dama ("que hicieron las delicias del México chismoso y novelesco"), también es cierto que nos muestra una faceta poco comentada: la de su apoyo a las causas liberales de su época. A la Güera Rodríguez (1778-1850) le tocó atestiguar el fin de la Colonia. Aprendió de Bolívar el sueño independentista, apoyó con dinero a Hidalgo y contribuyó con intrigas a que Iturbide lograra proclamarnos libres del yugo español. Fue una mujer inteligente y valiente. No silenciaba sus hormonas ni sus ideas. Cuando fue llevada ante el Tribunal de la Santa Inquisición por su pública inclinación al movimiento insurgente, enfrentó las acusaciones con firmeza y gallardía. "A cualquiera otra persona se le hubiese helado el alma, llenándosele de temblores, pero ella se quedó muy ufana y sosegada como si una amiga suya la hubiese convidado a tomar en un estrado una jícara de chocolate". No era una mujer, "como se dice de los miedosos, que hubiera comido liebre ni mucha gallina".

La Güera Rodríguez, por lo demás, nos permite advertir cierto rasgo liberal en las ideas de Artemio de Valle-Arizpe. Si bien fue un hombre que desvió su mirada al pasado, y que escribió de iglesias y de virreyes, lo mismo que mucho de Hernán Cortés y poco de la gloria prehispánica, no fue un historiador a la manera de un Lucas Alamán. Al contrario, es posible distinguir, aquí y allá, conceptos que lo acercan más al escritor liberal que al conservador. En *La Güera Rodríguez*, por ejemplo, no hay nunca una condena moral a la conducta de esta hermosa mujer y tampoco escapa a nuestro cronista el hecho de que el apoyo recibido por Iturbide para proclamar la Independencia de México tenía que ver no con las aspiraciones populares sino con los intereses de las clases altas y el clero, que de esta forma trataban de "conservar íntegros sus privilegios, fueros y riquezas".

Pícaro insigne, borracho esclarecido, ilustre profesor de gramática parda

Por supuesto, sería un error ver sus obras como meros libros de texto. Aunque basadas en hechos fidedignos y escritas tras una minuciosa investigación, todas ellas estaban permeadas por lo literario. No se trata de la historia en sí sino de una recreación. De hecho, la investigadora norteamericana Margaret Mason Bolton considera a Valle-Arizpe el creador de la novela artística de la Colonia[9]. Alfonso Reyes, muchos años antes, lo había catalogado como un "novelista de reconstrucción". Para él, este tipo de escritores al que pertenece nuestro cronista tiende a la imitación de la forma de hablar de una época pretérita, y no se conforma con la mera evocación de los hechos. En Valle-Arizpe, dice Reyes, "la historia de las costumbres pasadas da más bien pretexto a cierta interpretación personal e irónica de la vida"[10].

Lo anterior es claro en un libro como *El Canillitas* (1941). Se trata de una novela picaresca. Sus modelos son *El Lazarillo de Tormes*, de autor anónimo, *El Buscón*, de Francisco de Quevedo, *Vida y hechos de Guzmán de Alfarache*, de Mateo Alemán, y *El Periquillo Sarniento*, de José Joaquín Fernández de Lizardi. Este tipo de novela permite la crítica social a través de un personaje que representa, en apariencia, sus más grandes lacras. Digo, en apariencia, porque si bien es cierto que su protagonista es un "pícaro insigne, borracho esclarecido, ilustre profesor de gramática parda, hombre disparatado"[11], y en general un bueno para nada, el recuento de su vida le permite a Valle-Arizpe denunciar la pobreza existente en ese microcosmos que es la ciudad de México, donde ni los gobernantes ni los representantes eclesiásticos salen muy bien librados. Félix Vargas, su protagonista, llamado Felisillo al principio y Canillitas después, tal y como lo bautiza una mujerzuela apodada la Argüendera, por su talante raquítico y desvahido, se las tiene que ver muy duramente con la vida. Al igual que su progenitor literario, el Lazarillo, tiene que aprender a golpes a salir adelante. Desde su "puericia" vive atosigado "por inmundicias y constantes bofetones y punteras". Le maltrataban tanto el cráneo a punta de coscorrones, que "—no hay mal que por bien no venga— le hacían el inestimable servicio de no dejarle piojos, ya que todos se los mataban, o, al menos se los lisiaban con los golpes que sin cesar descargábanle con los temibles nudillos, y al dárselos se oía el potente porrazo aumentado con el estallido que producía el bicho reventado"[12]. Su precaria existencia, que transcurre entre mujeres de la mala vida, galeotes, estudiantes trapalones, curas estrafalarios, virreyes enamoradizos y truhanes de todas las ralejas, es triste y poco recomendable, pero contada con un enorme sentido de la ironía. Uno termina lo mismo condoliéndose que carcajeándose de lo lindo con las desventuras del Canillitas. Relucen también los conocimientos de don Artemio sobre la cultura popular —como botón de muestra los cientos de maneras de nombrar a una prostituta— y su eficaz uso de un lenguaje que lo mismo es barroco que cargado de humor, de sabiduría emanada de libros que de inmersiones en el habla coloquial, de astucia e invención literarias.

La fabla artemiana

Este uso del lenguaje fue el sello distintivo de Artemio de Valle-Arizpe. El cronista aspiró "a tener un estilo sencillo", de frases "claras, limpias e inteligentes", y a "ser dueño de un modo llano y natural". Lo logró en muchos párrafos, pero en muchos otros se distinguió por una forma de escritura artificial y complicada. Arturo Sotomayor asegura que para muchos su estilo era "macarrónico e indigerible"[13]. Monsiváis habla de un "idioma churrigueresco que extenúa el diccionario, pleno de alusiones y ambigüedades hirientes y sardónicas"[14]. Christopher Domínguez Michael lo considera cultivador de un género fracasado, con sus libros "churriguerescos y castizos que idealizaban una Nueva España espadachina, aderezada con pedos de monja y chocolate caliente", que quiso sustentar la imaginación narrativa con base en dudosas jerigonzas[15].

Esto último es cierto. Artemio de Valle-Arizpe inventó el lenguaje de la Colonia. Él lo fabricó, lo falsificó y, al hacerlo, nos hizo adoptarlo, si no como verdadero, sí como verosímil. Lo logró mediante artilugios verbales que lo mismo sorprenden y maravillan que aburren y cansan. Arturo Sotomayor es muy claro al respecto; afirma, al comentar la lectura de sus libros: "tan pronto se avanza fluidamente sobre párrafos fáciles como se procede fatigosamente a continuar leyendo"[16].

Esta dicotomía entre facilidad y dificultad estriba en el uso constante de vocablos anacrónicos y vetustos, arcaicos muchos de ellos y por completo en desuso, junto con neologismos de su propia urdimbre y expresiones sacadas de lo más profundo del habla popular. El resultado es una escritura curiosa y muy personal, enmarañada a ratos, límpida en otros, difícil de digerir o gozosa en cuanto a sus alturas literarias, llena de adjetivos a cual más divertidos, exactos o sorprendentes (Valle-Arizpe, se ha dicho, "profesó una auténtica adjetivolatría"[17]), así como rica en matices, en descubrimientos verbales, cantarina y ágil por momentos y, al contrario, completamente pesada y árida en otros. El propio cronista se percató de las dificultades de su estilo:

"Lo que sí he conseguido, creo que con amplitud, es fastidiar a la gente con mis engendros o hacerla dormir a sueño suelto como si hubiese ingerido el más beneficioso narcótico".

Agregó con respecto a sus libros: "Todo está en un idioma pesado y basto, lleno de necedad y desaciertos, con cosas fuera de propósito. Es un verdadero disparatorio, seco, inexpresivo y mazorral, capaz de aburrir a una estatua de yeso".

Por supuesto, en las anteriores palabras hay exageración y al mismo tiempo humildad ante la propia obra. A don Artemio habría que verlo como un escritor que buscó encontrar una voz propia, una voz distinta a la de sus compañeros de generación, y lo logró. Valle Inclán llegó a decir que nuestro cronista inventó una fabla, es decir, un castellano que nunca se había hablado pero que por las bondades de su pluma parecía haber existido a lo largo de los siglos.

A la hoguera por concubinario

Inquisición y crímenes se publica en 1952. Se trata de un libro sobre la forma en que la intolerancia y la represión se ejercieron en la Nueva España bajo la forma del Santo Oficio. Es un tema no exento de aristas atroces, terribles y reprobables. Su historia se remonta al año 1184, cuando la Santa Inquisición fue instituida por el papa Lucio III para castigar a todo aquel que pensara distinto o se manifestara en contra de la Iglesia católica. La palabra inquisición proviene del latín *inquirere*, que significa indagar, buscar. Se buscaba a los herejes, es decir, a los miembros de otras iglesias u otras religiones, para someterlos a tormento o a la muerte misma, a fin de hacerlos abjurar de sus creencias. En España, el cargo de primer Inquisidor General recayó en el tristemente célebre fray Tomás de Torquemada. Durante la conquista de México el puesto fue ocupado por el cardenal Adriano de Utrecht, quien se preocupó porque las pesquisas inquisitoriales alcanzaran también al Nuevo Mundo. Si bien el Tribunal de la Santa Inquisición se estableció en nuestro país formalmente hasta 1571, Hernán Cortés había promulgado en 1520 sus *Ordenanzas contra blasfemos* y muchos de los primeros frailes que trajo consigo la colonización llevaron a cabo actos y procesos de alguna manera inquisitoriales. En 1524 se le comisionó al fraile franciscano Martín de Valencia para que fungiera como inquisidor provisional. Ese mismo año ejecutó a cuatro nobles tlaxcaltecas bajo el cargo de idolatría. A Valencia lo sustituiría fray Tomás Ortiz, en 1526, y fray Domingo de Betanzos, en 1527. Para 1528 el cargo lo ocupó fray Vicente de Santa María, quien en octubre de ese mismo año realizó el primer auto de fe en la ciudad de México. Éste consistió en la muerte por hoguera de Hernando Alonso y Gonzalo Morales. La ejecución tuvo lugar un domingo en la Plaza del Marqués, a un costado de la catedral metropolitana. Alonso fue acusado de bautizar a su hijo mediante prácticas judaizantes, en tanto que Morales fue llevado al cadalso por "concubinario" y por sujetarse a "la ley de Moisés". Los dos vestían sambenitos anaranjados y "eminentes y puntiagudas corozas"[18].

Escribe Valle-Arizpe con respecto a esta ejecución:

"Los ataron a un poste y se dió fuego a la leña que se les amontonó debajo de los pies; y pronto levantó llama acelerada entre una espesa columna de humo y un fulgurante resplandor de chispas. A través de las llamas se columbraban las cabezas de los reos, gesticulantes de desesperación. De pronto ya no se vieron más. Subió una gran llamarada a envolverlos y quedaron rodeados de la roja hornaza que crepitaba. La gente tenía un gran arrobo en los ojos, en los labios una oración".

Fue el principio institucionalizado de un terror que duraría cerca de 300 años. Artemio de Valle-Arizpe, en este libro, da cuenta de la labor llevada a cabo por el Santo Oficio, que lo mismo condenó a inocentes y a verdaderos criminales, que a insurgentes como Hidalgo y Morelos. Lo hace en su muy particular estilo, mitad ficción y mitad historia. Lo cuenta como si hubiera estado ahí, presente en el momento de los crímenes, los encarcelamientos, las torturas y las ejecuciones. Puede leerse como un texto sobre las atrocidades cometidas en nombre de la fe. También, como un compendio de la nota roja durante la época colonial. Asimismo, como un valioso documento para conocer las relaciones entre Iglesia y poder político, y para entender las condiciones de marginación y acoso que por sus creencias, costumbres o pobreza sufrían muchos grupos sociales.

Una ciudad de papel

Artemio de Valle-Arizpe pertenece a una antigua estirpe de cronistas que se han ocupado de la muy noble y leal ciudad de México. Desde las crónicas prehispánicas, que presagian: "en tanto que permanezca el mundo así durará la fama y la gloria de México-Tenochtitlan", pasando por supuesto por Bernal Díaz del

Castillo y el propio Hernán Cortés, al que se debe incluso la traza colonial de tan magnífica urbe, hasta los textos de escritores más recientes como Arturo Sotomayor, Carlos Monsiváis, Gonzalo Celorio, Francisco Conde Ortega, Emiliano Pérez Cruz, Ignacio Trejo Fuentes, José Joaquín Blanco, Rafael Pérez Gay, Magali Tercero o Héctor de Mauleón, la capital mexicana ha merecido lo mismo el elogio que el desprecio de sus cronistas. Si en 1554 Cervantes de Salazar aseguró que "todo en México es ciudad (...) y toda es bella y famosa", y Alexander von Humboldt en 1811 la llamó "la ciudad de los palacios", en años más recientes la crónica capitalina ha abandonado la descripción meramente folclórica, histórica o arquitectónica de la ciudad, para escribir textos cada vez más comprometidos con la realidad violenta, contaminada, de pesada carga vehicular, de transportación insuficiente, de desigualdad social, de baches, de microbuses, de creciente inseguridad, de zona sísmica, de polarización política, y, en general, de vía crucis urbana que vivimos día con día quienes la habitamos. La región más transparente se ha convertido en el Detritus Federal. Carlos Fuentes la ha definido como "mi bella y siniestra ciudad, centro de todas las hermosuras y todos los errores concebibles"[19]. Al vivirla, la sufrimos y la gozamos. Gonzalo Celorio la ha considerado "inhabitable, pero inevitable"[20]. Él mismo, al ingresar como miembro de la Academia Mexicana de la Lengua, consideró al DF como una "ciudad de papel". Lo es por las miles de páginas donde ha sido escrita, descrita, inventada, imaginada, urdida, por sus cronistas, historiadores, novelistas y poetas. La ciudad vive y palpita por cuenta propia, es cierto, pero son sus escritores quienes se han encargado de la creación y transmisión de sus mitologías.

El nombre de Salvador Novo es, por supuesto, indispensable en este mínimo recuento de sus cronistas[21]. Escribió su *Nueva grandeza mexicana* como una manera de aprehender la ciudad desde el punto de vista del joven ilustrado que era, al mismo tiempo lleno de refinamiento pero también presa de un racional asombro y sentido cosmopolita por las cosas recientes, polifónicas, mayormente populares pero también de natural y creciente extranjería, que las calles de la urbe contemporánea le ofrecían. A la muerte de don Artemio él ocupó el cargo de Cronista de la Ciudad de México. El cambio es evidente. Escribe Monsiváis: "En los años en que los colonialistas insisten en darle una dimensión nostálgica y fallidamente churrigueresca, él va presentando (y a su modo configurando, al promoverla) una ciudad viva, depositaria del ruido y el agitado desplazamiento de las muchedumbres"[22]. Una ciudad actual, no de antaño. No se trata de una ruptura sino del avance hacia la modernidad de una tradición iniciada por Cervantes de Salazar en 1554: la de cronicar la muy noble y leal, horrible y hermosa, urbe. Esa tradición persiste incluso en Carlos Monsiváis. La anécdota es reveladora. De niño, el autor de *Días de guardar* y *Nuevo catecismo para indios remisos*, visitaba a su tía, que era ama de llaves ni más ni menos que de don Artemio de Valle-Arizpe. Fue el notable encuentro con un "escritor excéntrico que recitaba vocablos del virreinato y quien le decía que tomara libros de las cajas donde los tenía". La casualidad no es tal. El gran cronista que fue Valle-Arizpe se encontró con el gran cronista que sería Monsiváis. Ambos, a su modo, se han encargado de mitificar y desmitificar a esta ciudad de papel que es el DF. Uno, dándole sustento en el pasado, el otro, empecinado en reflejar los desmadres, el apocalíptico y el de la sociedad que se organiza, propios del presente.

El cronista está un poco triste

Artemio de Valle-Arizpe cumplió un papel fundamental en la construcción de nuestra imagen mental de la ciudad de México. A través de sus páginas contamos con un cuadro vivo de la urbe de hogaño. No fue un cronista en el sentido estricto. No cronicó el presente (con muy pocas excepciones, por ejemplo, "Las tortas de Armando", aparecida en *Calle vieja y calle nueva*, o "Don Victoriano Salado Álvarez y la conversación en México", de 1932, entre otros textos) sino que se dedicó como escritor e historiador al pasado. Aún así contribuyó, con imaginación, estudio y disciplina, a hacerlo presente. A recordarnos que existió. A adornarlo y a desnudarlo. A escribirlo, describirlo y urdirlo con pasión de verdadero escritor y erudito. Es fácil ver sus fallas pero no hay que dejar de lado sus aciertos. Entre éstos se encuentra uno fundamental: su instinto de protección urbano. Nos lega a través de sus libros la obligación de cuidar y conservar la muy noble y leal urbe. Si la historia de la ciudad de México es la de sus sucesivas construcciones y destrucciones —llámense éstas la barbarie colonizadora que destruyó Tenochtitlan, el entubamiento de sus ríos y acalotes, el surgimiento de ejes viales, el terremoto de 1985—, su voz se levanta para advertirnos la necesidad de proteger nuestro patrimonio urbano. A pesar de su obvio preferir el antaño, se preocupó también por la ciudad contemporánea en lo que atestiguaba como ruina y escombro. Le dolía su destino de piqueta, demolición, canibalismo urbano, políticas citadinas arbitrarias o incorrectas. Dijo, con verdadera pesadumbre, lo que podría haber sido un epitafio para sí mismo y para la urbe que tanto amó, por la manera como veía transformarse y deformarse a la muy noble y leal ciudad de México:

El cronista está un poco triste. También está el cronista un poco cansado. Se le ha diluido en el alma una gran melancolía. Se le ha metido muy honda la pena porque ha visto que mucho de lo que era ya no es. (…) Los hombres inutilizaron la bella labor que se creía imperecedera, eterna. Así se aniquiló esa grandeza[23].

Abril de 2008.

NOTAS

[1] De Valle-Arizpe, Artemio, "Historia de una vocación", en Arturo Sotomayor, *Don Artemio*, México: UNAM (Biblioteca del Estudiante Universitario), 1967, pp. 207-224

[2] En Carlos Monsiváis, *A ustedes les consta. Antología de la crónica en México*. México: Era (Crónicas), 1980, pág. 352

[3] Dice, a manera de declaración de principios con respecto a esta "antología anecdótica": "...el que sólo desee saber cómo era el hombre sin ficción retórica ante el mundo real, en que hay sastres, cambistas, que entre en esta lectura y verá que fue muy pintoresca la vida de José Manuel Othón." En Artemio de Valle-Arizpe, *Anecdotario de Manuel José Othón*. México: Fondo de Cultura Económica (Letras Mexicanas 44), 1958, pág. 7. Nota: este libro fue escrito en 1924 y su autor lo guardó hasta 1958, fecha del centenario del nacimiento del poeta.

[4] "Manuel José Othón en la ciudad de México", en el Apéndice a *Anecdotario de Manuel José Ohtón. Idem*, pág. 157

[5] *Don Artemio. Op. cit*, pág. xxix

[6] De Valle-Arizpe, Artemio, *La Güera Rodríguez*, México: Alpe Ediciones/Lectorum, 2005, pág. 93

[7] Martínez, José Luis, *El ensayo mexicano moderno*, México: Fondo de Cultura Económica (Letras Mexicanas 40, tomo II), 1971, pág. 261

[8] Carballo, Emmanuel, *Diario público. 1966-1968*, México: Conaculta (Memorias Mexicanas), 2005, pp. 386-387

[9] Bolton, Margaret Mason, *Artemio de Valle-Arizpe (1884-1961), creator of the artistic colonial novel*, EUA: Thesis, Texas Christian University, 1965.

[10] Reyes, Alfonso. "Sobre la novela y la literatura novelesca (1940-1944)", en *Los novelistas como críticos* (Norma Clan y Wilfrido Corral, compiladores), México: Ediciones del Norte/ Fondo de Cultura Económica (Tierra Firme), Tomo II, pág. 624

[11] De Valle-Arizpe, Artemio, *El Canillitas*, México: Diana, 1977, pág. 326

[12] *Idem*, pág. 23

[13] Sotomayor, *idem*, págs. xxxviii y xxv

[14] Monsiváis, *idem*.

[15] Domínguez Michael, Christopher, *Servidumbre y grandeza de la vida literaria*. México: Joaquín Mortiz (Contrapuntos), 1998, págs. 89 y 228

[16] Sotomayor, *idem*, pág. xxv

[17] *Idem*.

[18] Coroza: especie de sombrero en forma de cucurucho.

[19] Fuentes, Carlos, *Diana o la cazadora solitaria*, México: Alfaguara, 1994, pág. 43

[20] Celorio, Gonzalo, *México: ciudad de papel*. México: UAM/Academia Mexicana de la Lengua, 1996, pág. 49

[21] Habría que nombrar también a José Alvarado, José Revueltas, Elena Poniatowska, Arturo Trejo Villafuerte, Herman Bellinghausen, Juan Villoro.

[22] Monsiváis, Carlos, *Amor perdido*, México: Era (Biblioteca de Ensayo), 1977, pág. 271

[23] "El último hito", en *Calle vieja y calle nueva*, México: Compañía General de Ediciones (Col. Valle de México), 1962, pág. 511

LOS PRIMEROS QUEMADOS

En todas las casas de la ciudad de México no se hablaba de otra cosa sino del inusitado acontecimiento que días más tarde se iba a efectuar: dos reos que, por delitos contra la fe, iban a purgar sus culpas con castigo de fuego. En vivas llamas arderían los cuerpos de esos hombres perversos, condenados a ellas por sus acciones muy impías, muy nefandas. Los demonios habían hecho presa en sus almas, los apartaron de la ley de Dios y los condujeron a cometer mil errores, disponiendo de su albedrío para llevarlos al infierno como a cosa propia, bien conquistada. Del fuego en que se les iba a poner se irían derechos, sin ninguna dificultad, al otro fuego que no tiene fin. Allí su pasto sería de ardentísimas llamas y su bebida arroyos de incendios.

En las tertulias, se empezaban a referir casos y cosas de inquisitoriados, de las que no se podía hablar sino con repugnancia y horror. Las buenas gentes escuchaban atónitas, estremecidas de espanto, pensando que en el mundo hubiera seres que con gran desalmamiento cortaran los delitos por la medida de sus deseos y que de cosas deleitables sacaran incentivos de pecados. Llano y fácil, pacífico y ameno, era el camino de la religión católica, y desviarse de él era ir a dar a simas temibles, a breñales enmarañados que despedazaban el alma, a derrumbaderos en los que se caían con fatal caída.

N. del. E. En esta edición de *Inquisición y crímenes* se ha respetado la ortografía original.

Varias personas narraban, con delectación, las santas quemazones de herejes que habían presenciado en la Imperial Ciudad de Toledo, en Córdoba, en Valencia, en la villa de Madrid, capital de las Españas; hablaban, con admirado respeto, de Su Majestad el rey que presenció muchas quemas sin dejar de rezar un solo instante mientras que crepitaban las grandes fogatas inquisitoriales, rodeado de su corte enlutada y austera. Los que habían visto estos lucidos autos, rojos y negros, los relataban a lo largo, nimiamente, ante los estupefactos oyentes, y se los mostraban como un dibujo. Se encendían de santa envidia escuchando esas narraciones por haber tenido los que las referían, la buena fortuna de contemplarlos, además, con asistir a ellos, habían ganado magnífica cantidad de indulgencias plenarias que les borraron los mayores pecados de sus vidas. Suspiraban estas excelentes personas por el dolor de no haber estado nunca ante una de estas pías hogueras y sus ojos se quedaban llenos de anhelo y en su corazón se levantaba más vehemente e imperioso el deseo de asistir a la pena de fuego, con la que se remató su causa y que se iba a imponer a aquellos dos hombres, el primer castigo de esa especie que se aplicaría en México.

La Santa Iglesia Catedral hallábase colgada de paños negros entre los que se enturbiaba la clara luz de la mañana. En el altar mayor, cuyo retablo cubrió un gran lienzo, negro también, no estaba más que un crucifijo de talla, sangrante, doloroso, de revuelta cabellera humana; a cada uno de sus lados ardían dos velas en oscuros candeleros de madera.

De allí parece que se difundía por todos los ámbitos del templo una cosa invisible que metíase en los pechos y dejaba en ellos una sutil congoja, un miedo inexplicable.

Se alzaron dos altos tablados todos recubiertos con bayetas funerarias; en uno de ellos, detrás de una mesa encubierta con terciopelo negro, con presillas y broches de torzal de plata y anchos galones de lo mismo, se sentaban en grandes sitiales el licenciado Diego Altamirano, el gobernador Alonso de Estrada,

Fray Vicente de Santa María y Fray Pedro de Contreras, a los que acompañaban otros varios religiosos de la Guzmana familia del orden de Santo Domingo y algunos señores de los conspicuos de la ciudad, todos ellos trajeados con ropas luctuosas cuya lisa negrura no turbaba ni una joya.

En el otro cadalso estaban los dos reos, Hernando Alonso y Gonzalo Morales, cada cual con un fraile dominico que con dulzura lo preparaba a bien morir. La gente que apretujábase en el templo, llena de ansiedad, se hacía toda ojos para ver a aquellos graves señores vestidos con ropas de luto, y a los culpados con sus eminentes y puntiagudas corozas de color amarillo naranja y con luengos sambenitos, también anaranjados, y a entrambas prendas de ignominia les pintaron numerosas llamas y negros diablos, feísimos de rostro. En los dos reos clavaba la multitud terribles pensamientos. Un vasto silencio tendíase por todo el recinto de la Santa Iglesia Catedral y de él no salía ni un leve rumor.

El dominicano Fray Vicente de Santa María llegó a la Nueva España en 1528 a entender de asuntos de la fe y tanto los padres franciscos como los dominicos que de ellos se encargaban en virtud de la bula de Alejandro VI, dejaron toda su autoridad apostólica en manos del austero y rígido Fray Vicente, quien apenas pisó México se puso a formar estrecho juicio a esos dos reos que se hallaban en el alto tablado a los que miraba absorto el gentío aquella mañana de un claro domingo del dicho año de 1528.

Este Alonso que iba a dar con sus huesos al fuego purificador, era nativo de Niebla; había sido buen soldado conquistador, de oficio herrero, quien "echó hartos clavos en los bergantines que sirvieron para la toma de México"; prestó buenos servicios a Su Majestad en la conquista de Coatzacoalcos, Xicalanco y Tonalá, así como en las difíciles tierras de los Mixes y Zapotecas. Después de ganada la gran Tenochtitlan se le dió en premio por sus buenos servicios de paz y guerra la encomienda de Chicahuaxtepec, de indios pobres. Su primera mujer, una arremangada Isabel Ordaz, pasó a estas partes llena de brío y desenvoltura, y vino a morir cuando los recios combates de la conquista; se unió en Coyoacán con otra señora de nombre Ana, también bravía, y despachóla a la otra vida en un dos por tres, y cayó a poco, rendido de amor, en los mórbidos brazos de Isabel Ruiz de Aguilar, hija que era de un fulano Alonso, a quien llamaban el Tuerto por tener quebrado un ojo, la cual después de que las carnes pecadoras de su marido se trocaron en una poca de ceniza en la pira inquisitorial, quedó muy desconsolada por este achicharramiento, y para buscar consuelo eficaz en su muy justo dolor, se unió en matrimonio con un tal Juan Pérez de Gama, que cumplió como bueno con la atribulada viuda.

A Hernando Alonso, sevillano de nacimiento y comerciante en México, se le acusó de que un Jueves Santo, después de la hora en que se hizo el depósito del Divinísimo en la dorada urna del monumento, en unión de otros pérfidos judaizantes, sus muy amigos, había bautizado con extrañas ceremonias a un niño hijo suyo, que ya lo estaba por la religión católica. Lo puso en una gran bandeja de loza y le vertió por la cabeza un jarro de agua, según unos, de vino, según el dicho de otros, y el líquido que escurría por lo que determinaba el sexo de la criatura, lo iba recogiendo en una vasija, y con esa agua, o con ese vino, hizo después unas extrañas abluciones, luego se lo bebió despaciosamente, como ejecutando un rito, en tanto que los otros judaizantes, sus compañeros, daban vueltas en torno de la mesa recubierta de un lino blanco, en la que estaba el niño, y cantaban en latín con tono lamentoso, el salmo *In exitu Israel de Egipto*; después todos ellos bebieron a grandes y ruidosos sorbos un caldo muy espeso y casi negro, *boronía* le decían en la lengua oscura que parlaban.

Se acusó también a este Hernando Alonso de que a otro hijo suyo, al que ya igualmente le había echado el agua lustral del bautismo un fraile llamado Diego Campanero, lo llevó con sus respectivos padrinos a la Santa Iglesia Mayor con el fin de que el cura Juan Díaz, lo volviese a cristianar "para dar a entender que el bautizo del fraile no valía nada".

Se le formó proceso a Gonzalo Morales por concubinario. No entendió el rígido Fray Vicente de Santa María el adagio que dice que pecados de amor, dignos son de perdón; tal vez por sus amancebamientos se le hubiese dado suelta, pero el muy infame, con duras correas daba grandes azotes a un crucifijo y este placer judaico, lo compartía con un tal Palma de apellido, quien ponía con la cabeza hacia abajo a la santa imagen, diciendo, con gozo, "está como merece estar". Este sujeto lleno de mentiras, de embrollos y de bigardías, estaba unido por la ley de Moisés con Hernando Alonso, el otro reo que hacía a Morales buena compañía en el tablado de culpas del cual iban a parar al fuego purificador.

Aquí sí mintió el dicho que asegura que no hay Gonzalo malo. Este Gonzalo Morales sí lo era y con eminencia, pues en San Juan de Puerto Rico ya había estado a buena guarda en la cárcel porque ataba a un Santo Cristo a una aldaba y hacía con él mil cosas impuras detrás de una puerta, y luego, en unión de una hermana suya, le daba recios golpes. Ella fué a dar por este delito a una hoguera en la que dejó la vida y él sólo Dios sabe de qué malas artes se valdría para quedar por inculpado; pero aquí con las setenas vino a pagarla muy bien pagada. Tuvo otro hermano que moraba en Santiago de Guatemala, quien aseguró la proposición vitanda de que "Dios no tenía un hijo", por cuyo atrevimiento fue penitenciado en la Iglesia Mayor. ¡Linda familia!

Fray Pedro de Contreras que en las causas desempeñó el oficio de secretario, las leyó con buena voz y toda la gente se espantaba de los nefandos delitos de estos dos hombres sin alma; después predicó el sermón en el que discurrió desplegando conceptos y ejemplos y dió grandes voces contra el pecado, metiendo en los pechos de todos los oyentes una angustia enorme y dolorosa por miedo a las perennes lumbres del infierno que pintó muy al vivo con palabras arrebatadas y grandiosas, de las que tenía gran afluencia, y siguió haciendo una tierna y sentenciosa oración con la que ofendió al vicio y a los viciosos.

Al brazo secular, representado en la persona del gobernador Alonso de Estrada, se entregaron los dos reos, y entre la tropa fueron llevados a la Placeta del Marqués, cercana a la Catedral, en la que se puso el temible quemadero. Los ataron a un poste y se dió fuego a la leña que se les amontonó debajo de los pies y pronto levantó llama acelerada entre una espesa columna de humo y un fulgurante resplandor de chispas. A través de las llamas se columbraban las cabezas de los reos, gesticulantes de desesperación. De pronto ya no se vieron más. Subió una gran llamarada a envolverlos y quedaron rodeados de la roja hornaza que crepitaba. La gente tenía un gran arrobo en los ojos, en los labios una oración.

PROLEGÓMENOS DEL TERROR

El austero e inflexible Fray Tomás de Torquemada fué el primer Inquisidor General en España; le siguieron en el tremendo cargo el dominico Fray Diego de Deza, luego el gran cardenal Francisco Jiménez de Cisneros, quien compartía el mando con el dominicano Fray Juan de Enguerra, con jurisdicción solamente en el reino de Aragón. En 1516 reemplazó a éste el cardenal Adriano de Utrecht, el cual a poco subió al solio pontificio con el nombre de Adriano VI. Este cardenal nombró a Fray Pedro de Córdoba, Vicario General de Santo Domingo, residente en la Isla Española como Inquisidor General en todas las islas descubiertas en las Indias Occidentales así como en las regiones que en lo futuro se descubriesen.

A la muerte de este prelado acaecida el año de 1525, se le dio el terrible cargo a la Audiencia de la isla de Santo Domingo, con facultad de ejercer en conjunto como cuerpo colegiado, o bien de designar como Inquisidor General a alguno de sus oidores, y fuera de los empleados de la Audiencia también podía hacer designación de familiares y oficiales para la persecución de herejes. Así tuvo su origen la Inquisición en América.

Cuando Fray Martín de Valencia pasó por la Española con su apostolado seráfico para encender las luces del Evangelio en las regiones recién invadidas, Fray Pedro de Córdoba lo nombró Comisario de la Inquisición en toda la Nueva España, porque aunque los padres franciscos traían del papa León X grandes facultades y privilegios extraordinarios, no portaban ni bula ni breve pontificio, ni siquiera orden del Inquisidor General para que ejercieran de inquisidores apostólicos.

Fray Martín de Valencia usó del cargo con mucha suavidad y prudencia, pues en aquella época no había por qué extremar rigores. Según el dicho de Fray Antonio de Remesal —*Historia General de las Indias Occidentales y particularmente de la gobernación de Chiapa y Guatemala*, Libro II, capítulo II— ejercitó Fray Martín con grande rectitud, templanza, moderación y buen juicio, castigando los defectos que hallaba en palabras licenciosas y blasfemias, "que era lo más que había aquel tiempo que remediar".

Cesó en el oficio el buen franciscano al llegar en 1526 a la Colonia con sus religiosos dominicos el padre Fray Tomás Ortiz, pues que era transitorio el cargo y sólo anejo al prelado del convento de Santo Domingo. Arribó a la isla este fraile, y la Audiencia, que ejercía funciones de Inquisidor General en las Indias, le dió nuevos poderes al Comisario, tanto para su persona como para la que en lo futuro le sucediese como prior, por tener como inconveniente que si él faltase, ya por muerte o por ausencia, quedara el puesto vaco y siguiera así mientras que a la Audiencia se le daba el aviso de lo ocurrido, viaje al otro mundo o a otras tierras, y ésta mandaba a quien lo ejercitase, en todo lo cual era forzoso gastar mucho tiempo y no haber en el entretanto quien cuidase de cualquier caso que pudiese acontecer, que por ser tierras nuevas, era necesario estar muy prevenidos y alerta los inquisidores.

Llegó a México el Padre Ortiz y, desde luego, fue reconocido como Comisario del Santo Oficio, pero como eran pocos los religiosos que traía consigo a su cargo y aun éstos estaban enfermos, partióse a España por mayor número de sus reglares, puesto que había harto trabajo en esta viña que se estaba roturando con gran prisa para mayor gloria de Dios. Mientras estuvo en el desempeño de su alto empleo este bendito Padre, ningún indio, ni tampoco español, fueron procesados por herejes o idólatras. A nadie se le abrió juicio, ni tuvo excomunión, ni mucho menos salió penitenciado.

Mientras que Fray Tomás Ortiz fue a la Metrópoli y tornaba a la Nueva España, quedó como prelado de los frailes Fray Domingo de Betanzos y por lo mismo era de hecho Comisario del Santo Oficio, cometido que desempeñó con santo celo, prudencia y cuidado. Durante su difícil encargo tampoco hubo procesado alguno e igualmente no los hubo durante el lapso de más de cuatro años en que ejerció su sucesor Fray Vicente de Santa María, que en 1528 llegó a tierras de México con título de Vicario General, así de los padres que traía consigo como de los que aquí estaban.

Eligieron los frailes a Fray Vicente con unánimes sufragios, superior del convento y así, como consecuencia, quedó de Comisario del Santo Oficio y, por lo tanto, el apostólico Betanzos libre y desembarazado de todos estos cuidados y muy contento de poder ejercitarse más en la doctrina y conversión de los naturales, sacarlos de sus ceguedades y hacerlos dejar su camino a fin de que tomaran otro mejor, para que cuando fueran desatados de la carne, estuvieran con Cristo: éste era su puro anhelo, reducir toda la tierra al gremio y comunión de la Iglesia romana.

Rígido era el obispo don Fray Juan de Zumárraga. A cada quien le fué señalando el orden de lo que había de hacer. Levantó vara poderosa para escarmentar y guió muy bien las cosas por su parecer. El fué el primero que tuvo el título de Inquisidor Apostólico de la ciudad de México y de todo el obispado. Se lo dió el 27 de junio del año de 1535 don Alfonso Manrique, arzobispo de Toledo e Inquisidor General de España. Facultades amplísimas le otorgó para que estableciera en México el Tribunal de la Fe, "inclusas las de relajar al brazo seglar", nombrar sus oficiales y que les señalara la soldada que estimase conveniente y que designase la manera eficaz de cubrir esos salarios.

A pesar de tener Zumárraga estas amplias prerrogativas, no estableció, por creerlo así muy conveniente, el Santo Tribunal, aunque en México ya había cárcel y alguacil de la Inquisición, ni usó nunca el título que tenía de Inquisidor. Siempre demostró amorosa piedad para los indios, a quienes tomó bajo su celosa protección y amparo. Cuidaba de su salud y velaba sobre sus almas. Esta particular tutela la sintieron siempre los indígenas. Cuando presentábanle algunos que idolatraban, "procedía contra ellos con clemencia, por recién convertidos".

No obstante esta cordial dulzura de Zumárraga, de esta especial clemencia que tenía para los indios a los que tomó por su cuenta el ampararlos y cuyas penas reclinaba amorosamente sobre su corazón; no obstante todo esto, mandó aprehender, procesó pronto y lo entregó al brazo seglar, a un prominente señor de Texcoco, nieto se decía de Netzahualcóyotl, el rey poeta, acusado no sólo de volver a su mentirosa religión idolátrica, sino de hacer cruentos sacrificios para honrar con ellos a sus antiguos dioses. "Preso el cacique —escribe don Joan Suárez de Peralta en sus *Noticias Históricas de la Nueva España*— y hechas las informaciones, el arzobispo don Juan de Zumárraga lo mandó quemar, y lo llevaron con una gran coroza y le entregaron a la justicia seglar, y ella ejecutó la sentencia. Esto se supo en España, y no pareció bien por ser recién convertido; y así se mandó que contra los indios no procediese el Santo Oficio, sino que el Ordinario los castigase".

En efecto, se defendió de manera terminante que el Tribunal de la Inquisición conociera de causas de indios sino que en materia de fe fuesen jueces de ellos los juzgados comunes, es decir, el Ordinario, como le llamaban al juez o tribunal de la justicia civil en oposición a los del fuero privilegiado, y también del obispo diocesano. El emperador Carlos V expidió una cédula, fecha 15 de octubre de 1538, exceptuando a los indios del poder del Santo Oficio, y la prohibición real quedó bien expresada en la *Recopilación de Indias*, en la Ley 35, Título I del Libro VI. El desventurado cacique texcocano con su muerte ignominiosa fué quien libró para siempre a los de su raza de las cárceles y hogueras de la Inquisición.

La terrible reprensión a señor tan principal causó muy hondo disgusto en España, mas no por ello le dieron a Zumárraga ninguna áspera corrección con cruda acedía de palabras, pero ni tan siquiera le reprocharon el espantoso caso con tiento, con juicio, con cuerdas razones y mano blanda, sino que en silencio lo relevaron del cargo. Se le despachó nombramiento al visitador, licenciado don Francisco Tello de Sandoval, canónigo hispalense e Inquisidor Apostólico en la Imperial Toledo, con poder amplio para inquirir, perseguir y castigar con pena de muerte los delitos contra la fe en el virreinato de la Nueva España y se le autorizaba para que recogiera todas las causas pendientes "ante cualquier inquisidor o inquisidores que hayan sido en la Nueva España, en el punto y estado en que estuvieren", lo que significa claramente la destitución de don Fray Juan de Zumárraga.

El nombramiento de Tello de Sandoval fué expedido el día 18 del mes de julio y año de 1543 por el cardenal don Juan de Tavera, Inquisidor General de España, a quien retrató vivo el Greco y muerto el anciano Berruguete y de quien decía Carlos V que faltando el cardenal Tavera en su corte faltaba su mejor ornamento.

Pero el visitador Tello de Sandoval, no embargante la amplitud sin límites de los poderes que le dieron, no ejerció su oficio de inquisidor por andar, tal vez, muy atareado en lo de su escrupulosa visita y además en la promulgación y estricto cumplimiento de las *Nuevas Leyes*, que tantísimos disturbios y alborotos causaron en México entre los viejos conquistadores y pobladores y sus descendientes, porque les acababan de todo a todo con sus prerrogativas, propiedades y antiguos derechos que creían adquiridos de por vida y, por lo mismo, invulnerables.

El arzobispo don Fray Alonso de Montúfar, estricto fraile dominico y Calificador de la Inquisición de Granada, llegó a México en 1554. No portaba nombramiento expreso de Inquisidor Apostólico, pero no obstante ejerció este cargo con rigor, acaso por la jurisdicción misma que tenían los señores obispos en asuntos tocantes a la fe. Sin este poder expreso, pero imbíbito a su carácter episcopal, celebró dos autos, uno en 1555 y otro en la Catedral, tres años después, el 58.

En el primero de éstos salió reconciliado por luterano el hábil platero milanés Jerónimo Bensón y con él sacaron a otros muchos a cumplir penas. En el auto de la Iglesia Mayor, la primitiva Catedral, penitenciaron a otro extranjero, el inglés Roberto Tomson y según lo que éste presenció, "no se había hecho antes otro ni se había visto cosa semejante". Se le condenó a siete meses de cárcel y a vestir el ignominioso sambenito durante tres años. También sacaron a un genovés, Agustín Boacio de nombre, a quien se dió por sus muchas culpas cárcel y sambenito perpetuos.

A estos dos reos se les despachó a España bajo partida de registro, muy bien custodiados, en un galeón que partió de Veracruz. Se hizo a la mar con tiempo bonancible y tocó en diferentes tierras, y al llegar el dicho Bensón a las islas Azores se fugó sagazmente de la hedionda sentina, en donde se le tenía encerrado junto con el otro. Pudo más su habilidad que la vigilancia. Se les fué a los custodios o se les deshizo entre las manos, como se deshace el humo con el viento. Jamás se le encontró.

El inglés Tomson llegó a Sevilla y, después de extinguir su condena en la cárcel inquisitorial, quedó libre y con la vida. Escribió una curiosa relación en la que refiere todas las cosas por las que pasó, que no fueron pocas, ni suaves. Don Joaquín García Icazbalceta la tradujo con el muy cuidadoso esmero con que hacía todas las cosas, y la publicó. En ella no habla el inglés penitenciado de inquisidores, sino sólo del Arzobispo y de su provisor.

EL PAVOR SIENTA SUS REALES

Sobre la ciudad cerníase una angustia. Caía sobre los corazones y los apretaba, dejándoles como una vaga zozobra. Todas las cosas efluían una fina tristeza que sutilmente se adentraba en los pechos. Era el mes de noviembre, aterido por las lluvias frías y tercas, mes dedicado a las benditas ánimas. Lentas y gemebundas las campanas llamaban a los trisagios, a las novenas, a los rosarios, que se rezaban en los atardeceres, con voces acongojadas, en las iglesias llenas de sombras que picaban apenas las tembloreantes llamas de las velas de cera que ardían en el desnudo altar en que estaba el cuadro donde veíanse arder a los precitos entre las vastas quemazones del purgatorio.

A través de las piedras de las iglesias se trasminaba ese pesar recordando a los fieles difuntos, se vertía esa angustia con lágrimas que iban en los rezos, algo que emanaba del luto de las vestiduras litúrgicas; y todo ello se difundía como una cosa viva por las calles de la quieta ciudad ya envuelta en las vagas sombras del crepúsculo. Sentíase su invisible presencia, hacíase palpable, y ante ella se tornaban silenciosas las bocas, o sonaban quedas, pausadas, las palabras; los ojos andaban como con asombro y ansiedad, y los ademanes perdían su viveza, eran lentos y reposados. Se apagaban las risas y sólo en el aire se mecían los suspiros. Todos los pensamientos volvíanse tenaces hacia el más allá. Las campanas prolongaban su lloro.

De pronto dejaron su penetrante quejumbre y rompieron en la festiva algazara de los repiques. Los rostros desvistiéronse de su compungida tristeza y se volvían con azoro a ver la magnífica comitiva que pasaba. Música de sacabuches, ministriles, dulzainas, chirimías y acompasados atabales, se diluía en aquel ambiente, denso por la pesadumbre de que estaba cargado.

Era un extraño cortejo el que desfilaba por las principales calles y plazas de la ciudad de México. En él iban, pomposas, lujosamente entrajadas, así personas eminentes, de elevada alcurnia, como de las de modesto pasar con las ropas de los disantos en las que se embebía sutilmente el olor del cedro de las arcas en donde estaban guardadas; e iba también gentecilla de la de poco más o menos, o de menos en todo, con sus limpios vestidos de diario traer, pues no había otros en su aseada pobreza. De por sí se agregaron al cortejo buenos tocadores de instrumentos músicos para darle con sus sones mayor solemnidad y lucimiento.

Este desfile vistoso era para la publicación del bando que hacía saber a la ciudad la buena nueva del establecimiento del Santo Tribunal de la Inquisición contra la herética pravedad y apostasía en la Nueva España, y para que se asistiera a la iglesia Catedral a la solemne jura. Cada vez se agregaba más gente a la comitiva vistosa, para acompañar al señor don Francisco Verdugo de Bazán, Alguacil Mayor del Santo Oficio, a su secretario Pedro de los Ríos, a Pedro de Arriarán, que era receptor, y a los imponentes testigos Gaspar Salvago, Silvestre Espíndola y Juan Saavedra.

Se detenía el largo cortejo en las esquinas de las plazas y calles más señaladas, y ante el vasto silencio de la multitud embobada y quieta, el pregonero, con altas y sonoras voces lanzaba el pregón, después del acelerado redoble de los atabales y del claro clangor de las trompetas:

"Sepan todos los moradores y vecinos desta ciudad de México y sus comarcas cómo el señor doctor Moya de Contreras, Inquisidor Apostólico de todos los reinos de la Nueva España, manda que todas y cualesquiera personas, así hombres como mujeres, de cualquier calidad y condición que sean, de doce años arriba, vayan el domingo primero que viene, que se contarán cuatro de este presente mes de noviembre, a la iglesia mayor de esta ciudad a oír la misa, sermón y juramento de la fe que en ella se ha de hacer y publicar, so pena de excomunión mayor. Mándese pregonar públicamente para que venga a noticia de todos".

Hasta siete veces, entre una gran muchedumbre, se repitió el pregón esa tarde. Era el viernes 2 de noviembre del año de 1571.

El inquisidor general de España, don Diego de Espinosa, cardenal-obispo de Sigüenza, de acuerdo con Felipe II, designó para fundar en México el Tribunal del Santo Oficio de la Inquisición a don Pedro Moya de Contreras. Desempeñaba don Pedro la maestrescolía en la catedral de Canarias; de allí pasó a inquisidor en Murcia y se negaba con empeño a venir a la Nueva España a pesar del competente salario de tres mil pesos que se le asignó, amén de una buena prebenda en la catedral de México, alegando que tenía asma continua que le apretaba angustiosamente la garganta y no dejábalo resollar tranquilo, y, además, que andaba en el importante empeño de ver la manera de casar con marido digno que la mereciera a una su hermana que tenía asilada en un monasterio, y mientras que no atara a la doncella con las ligaduras y lazos del matrimonio, su espíritu no estaría en paz.

Aparte de estas dos causas que él decía graves, para rehusar el alto puesto, exponía multitud de razones en favor de su insuficiencia. El Cardenal le arguyó y lo apretó con persuasivos discursos. Con otros poderosos señores le hizo fuerza para que aceptase. Lo atajaron con razones. Por fin lo convencieron y lo tomaron a palabras.

Se nombró Inquisidor Secretario a don Juan de Cervantes, canónigo doctoral de la Iglesia Mayor de Canarias, región de la que era oriundo y donde fué Provisor de ese obispado y Fiscal del Santo Oficio en esas mismas islas. A Pedro de los Ríos se le nombró Notario del secreto, en lo que era de gran habilidad, pues idéntico empleo tuvo en el Tribunal de Llerena, y allí dió buena cuenta de los oficios de su cargo.

De San Lúcar salieron los tres inquisidores el 13 de noviembre de 1570. El 20 de ese mes desembarcaron en Canarias. Largo tiempo estuvieron allí aguardando una flota que no llegó, pues no querían seguir viaje en galeones ordinarios por justo temor de los terribles bucaneros que hacían de las suyas en aquellos mares. Para ellos no había buque seguro. Como ya era mucho el esperar, se embarcaron en Tenerife en marzo del 71, para buscar pasaje y a poco lo hallaron como lo querían en uno de los seis barcos de alto bordo que iban a enfilar proa a Santo Domingo y a México.

Corrieron con viento próspero los bajeles sin pasar ningunos peligros. En el "paraje" de la isla de Cuba murió don Juan de Cervantes porque lo tomaron unas recísimas calenturas pestilenciales, que diz que le corrompieron la hez de la sangre "a causa de unas prolijas calmas". Por poco se le va la vida también a Moya de Contreras, mas no por enfermedad, sino porque el barco dió en un bajo de arena entre dos grandes peñas, con lo que quedó deshecho el maderaje. Al Inquisidor lo sacaron a la orilla en salvamento. También se libró de la muerte el Fiscal–notario y se escaparon los importantes papeles del oficio y algunos marineros. Por buena suerte, habiendo perdido la conserva de las otras naves, hallaron confugio en una pequeña y ligera que zarpó de Tenerife días después que la flota perdida. Dió el patache la vela para Veracruz y el 18 de agosto del dicho 71, echaron felizmente las áncoras en San Juan de Ulúa. Le agradecieron a Dios el beneficio de haber tocado puerto y la deseada ribera.

Por todos los pueblos y lugares por los que pasaban los inquisidores, les hacían por disposición del virrey, don Martín Enríquez de Almansa, múltiples agasajos. Todos les eran agradables y oficiosos, y ellos también trataban a todo el mundo con agrado. Se sabían granjear con buenas palabras las voluntades. Fueron a darles cordial bienvenida un emisario del Virrey, otro del Arzobispo Fray Alonso de Montúfar, y otro del Cabildo Eclesiástico.

Llegaron cansadísimos a la Puebla de los Ángeles e igualmente les hicieron grata acogida en esta linda ciudad.

A cosa de diez leguas de México salieron a su encuentro tres señores canónigos, y como a cuatro, los ceremoniosos representantes del Cabildo de Ciudad. Moya de Contreras mandó a Pedro Ríos, el notario, para que hiciera al Virrey sabedor de su llegada, le presentase, con sus rendidos respetos, los recaudos que traía, y que se dignase indicar la manera en que debía de entrar en la ciudad y qué casas les señalaba para que tuviesen alojamiento.

La tarde del 12 de septiembre del susonombrado año de 1571, llegó a México don Pedro Moya de Contreras con sus señores Fiscal y Secretario, pero solamente fueron a su recibimiento los jueces de la Contratación, los alcaldes ordinarios, algunos eclesiásticos y personas particulares "que por su afición lo quisieron hacer", pues Su Excelencia el Virrey tenía determinado que se celebrasen las ceremonias de la entrada el mismo día en que fuera el solemne juramento en la Catedral.

Se hospedó don Pedro Moya de Contreras, por disposición del Virrey, en el convento de Santo Domingo, en donde halló un agradable albergue. Le hicieron los frailes dominicos magnífico recibimiento y lo regalaron espléndidamente. Dos días después vió Moya de Contreras a Su Excelencia. Nada afectuosa, no sé por qué, fué la entrevista. Hubo mucha sequedad y estiramiento, con su poquitín de menosprecio.

Don Martín Enríquez de Almansa se encontraba en un gran aposento de los de Palacio, rodeado de no poca gente que lo cumplimentaba con mucho halago. Hallábase a la vera de un bufete, a cuyos lados estaba una silla de caderas forrada de terciopelo y un labrado escañil. "Me tuvo siempre en pie —refiere el Inquisidor— y sin mandarme cubrir, si yo no me cubriera delante de tanta gente y de sus criados que estaban en la misma forma, tratándome en el discurso de la plática con sumo imperio y majestad y gran sequedad, y ansí con brevedad me despedí dél, diciendo que solamente había venido a cumplir con mi obligación". Terminó el Inquisidor por pedir al majestuoso Virrey que fuese muy servido de señalarle día y hora para tratar con él de las cosas que eran necesarias. A Su Excelencia no se le borró durante toda la entrevista un duro sobrecejo.

Si Moya de Contreras estuvo descontento y quejoso de su visita con el Virrey, en cambio se hallaba muy agradado de su hospedaje. Nada le faltaba allí para su gusto: se le acogió muy bien y trató amorosamente. Satisfechísimo estaba asimismo de las casas que le cedieron para que instalase el Santo Oficio. Se alzaban éstas muy nuevas junto al mismo convento de los padres dominicanos, y eran tan amplias y cómodas "que no se pudieran hallar en la ciudad otras tan al propósito". Tenían vasta sala de audiencia, cámara del secreto "a mucho recaudo", así como capilla muy capaz, sala del juzgado, buen aposento para dos inquisidores, y otros muy convenientes para alcaide y portero. Poseía, además, calabozos magníficos, excelentes, tanto por su áspera estrechez como por su oscuridad y lo húmedo que eran: adecuadas condiciones para que padeciesen los infelices que iban a dar a ellos. ¿Qué más quería el bravo Inquisidor?

Tras de multiplicados inconvenientes y estorbosos embarazos que constantemente se atravesaban, vinieron al acuerdo ambos personajes en cómo deberían de presentarse las reales cédulas que traían un mandato de Su Majestad don Felipe II con precepto de obediencia y de qué manera se tendrían éstas de notificar al Virrey; de si podría o no presentarse con vara el alguacil del Santo Oficio ante Su Excelencia; que si la derecha era para éste, que si para aquél el lado izquierdo; que si se pondría cojín para los pies en el asiento de tal o cual señor. Se trataron otras baladíes menudencias, que teníanse por muy importantes cosas de las que parece que casi dependía el perfecto equilibrio de las esferas.

Se acordó también la fecha para el juramento en la Catedral, que fué el 4 de noviembre del dicho y redicho año de 1571. Estaba el templo henchido de gente. Rebosaba la multitud en el atrio espacioso y aun las calles que la circundaban veíanse llenas de mar a mar. La novedad de la ceremonia, agregada al tremendo castigo de excomunión en que caía irremisiblemente quien no asistiera a ella, vació todas las casas de la ciudad, en las que no quedaron sino los muy enfermos. La Iglesia Mayor lució en los adornos sus mejores galas. Tenía todo ornato y hermosura en terciopelos, damascos y tisúes, así como en plata y oro labrados, calamina, tumbago, carey, marfil y cristal. Relucía y centelleaba el templo en todos sus ámbitos.

En un documento coetáneo, del que copio en seguida algunos párrafos, está puesta la exacta descripcion de cómo fué de solemne aquel acto, que por sus consecuencias iba a introducir un importante factor en la sociedad del virreinato. El miedo y la zozobra constantes entraron desde ese día en todos los pechos. Se temió a los ocultos acusadores; las delaciones amenazaban a cualquiera poniéndole cargos. También cualquier acción se podría echar a mal por bien inclinada que fuese:

"El domingo 4, día citado para la lectura de las instrucciones y juramentos del nuevo tribunal, salió de las casas destinadas para la Inquisición el doctor Moya de Contreras, llevando a su derecha al Virrey Enríquez y a su izquierda al oidor Villalobos, que era entonces el decano de la Audiencia. Delante del Inquisidor iban los oidores Puga y Villanueva, conduciendo al licenciado Alonso Hernández de Bonilla, Promotor Fiscal del Santo Oficio, que llevaba el estandarte de la fe; Pedro de los Ríos, secretario; el alguacil mayor, Verdugo de Bazán, y el receptor Arriarán caminaban entre los regidores de la ciudad, precedidos de los maceros, y abrían la marcha los doctores y demás individuos de la Universidad, cuyos bedeles iban al frente de la solemne procesión. Al llegar la comitiva cerca de la Catedral salieron a encontrar al doctor Moya de Contreras con cruz alzada, y fuera ya de la puerta del templo, el Cabildo Eclesiástico y las tres órdenes de San Francisco, Santo Domingo y San Agustín.

"Entraron todos reunidos en la iglesia, colocóse el Inquisidor al lado derecho, y junto a las gradas del altar en un sillón el licenciado Bonilla con el estandarte de la fe, que era de damasco carmesí con una cruz de plata dorada, y se comenzó a decir la misa mayor, durante la cual, después del sermón que predicó Fray Bartolomé de Ledesma y antes de alzarse la hostia, subió al púlpito el secretario Pedro de los Ríos y dió principio a la lectura por la provisión de Felipe II, para que se dieran al Santo Oficio «el auxilio y favor del brazo real» después de las notificaciones de esas cédulas al Virrey, Audiencia, Cabildos eclesiástico y secular, y al gobernador de la Mitra. Leyóse el título de inquisidor de don Pedro Moya de Contreras, el juramento que éste había presentado ante el promotor fiscal, licenciado Bonilla, en México, la tarde del 26 de octubre, prometiendo usar fiel y rectamente de su oficio y guardar el secreto requerido en aquel tribunal; y luego las notificaciones de ese título.

"Procedióse acto continuo a la ceremonia del juramento. Leyó Pedro de los Ríos el edicto, por el cual el doctor Pedro Moya de Contreras mandaba que todos los presentes jurasen no admitir ni consentir entre sí herejes, sino denunciarlos al Santo Oficio, prestando a éste todo el favor y ayuda que pidiese y fuese menester, edicto que terminaba con estas palabras: «Digan todos: ansí lo prometemos y juramos; si ansí lo hiciéredes, Dios Nuestro Señor, cuya es esta causa, os ayude en este mundo en el cuerpo y en el otro en el alma, donde más habéis de durar: y si lo contrario hiciéredes, lo que Dios no quiera, Él os lo demande mal y caramente, como a rebeldes que a sabiendas juran su santo nombre en vano; y digan todos: Amén».

"Cuando el secretario leyó la fórmula del juramento, todo el pueblo que llenaba completamente las naves de la iglesia, hombres, mujeres y niños, levantaron la mano derecha y gritaron en coro: «Sí, juro». Entonces bajó del púlpito Pedro de los Ríos y llegóse a una mesa cubierta de terciopelo carmesí, que estaba entre los asientos del Virrey y del Inquisidor, y encima de la cual había un misal abierto en los evangelios y una cruz de plata. Acercóse allí también el licenciado Bonilla con el estandarte de la fe. El Virrey poniéndose en pie y colocando su mano derecha sobre los evangelios escuchó la fórmula que leía el secretario, diciendo: «¿Jura a Dios Todopoderoso y a Santa María su madre, y a la señal de la cruz y santos evangelios, como bueno y fiel cristiano, ser ahora y siempre en favor, ayuda y defensión de nuestra santa fe católica y de la Santa Inquisición, oficiales y ministros della, y de los favorecer y ayudar, y de guardar y hacer guardar sus exempciones e inmunidades, e de no encubrir a los herejes, enemigos della, e de los perseguir e denunciar a los señores inquisidores que son o fueren de aquí adelante, y de tener y cumplir y hacer que se cumpla todo lo contenido en el dicho edicto de juramento, según en él se contiene?»

"«Sí, juro», contestó el virrey y el secretario tomó en seguida el mismo juramento a los oidores y regidores que lo presentaron también en nombre de la ciudad".

De esta manera, a pesar de los nombramientos, títulos y comisiones que dieron tanto el Inquisidor General de España como los inquisidores de Santo Domingo, el Tribunal de la Fe contra la herética pravedad y apostasía, quedó instalado en la ciudad de México el día 4 de noviembre del año de 1571, por el doctor don Pedro Moya de Contreras.

El arzobispo Fray Alonso de Montúfar, no asistió a la imponente solemnidad, ni tampoco se entendió con él ninguna notificación, porque sus muchos años y sus no pocas enfermedades y achaques de vejez no le permitían ya al pobre señor tratar ni entender en negocio alguno. Gobernaba la Mitra el que después fué obispo de Oaxaca, Fray Bartolomé Ledesma, de la orden de Santo Domingo.

EL PRIMER AUTO DE FE

De boca en boca saltaba la noticia de que iba a celebrarse un auto de fe. Corrió al instante la nueva de todo. Cada quien añadía algo a lo que oyó. Decíase, por quienes estaban bien enterados, en qué iba a consistir; qué herejes formales se iba a sacar; cuáles tenían recias penas de azotes, cuáles iban a ser sambenitados y cuáles llevaríanse a las santas hogueras para que allí, entre llamas purificadoras, se les acabara la vida nefanda. Se contaba que hasta a un perro prieto y un cuervo los iban a quemar vivos por haber servido a una desgreñada bruja, ¡malhaya!, para sus secretas artes divinatorias. Se aseguraba que quienes asistieran a la edificante y ejemplar ceremonia, ganarían porción de indulgencias plenarias, los más graves pecados mortales borraríanse en el acto de la cuenta, y los veniales se extinguirían más pronto que si se hubiese dado con toda contrición un golpe de pecho, un abundante trago de agua bendita o comido un cantero de pan bendito u oído misa con devoción, cuatro cosas eficaces para extinguirlos, sin que quede huella en el alma.

Relataba este señor que tuvo la gran fortuna de presenciar una gran quema de herejes en Sevilla, en el campo de Tablada; aquel otro caballero refería, ante bocas abiertas y ojos extáticos, cómo se estaban achicharrando unas jorguinas en una fogata inquisitorial en la ciudad de Valladolid y que, de repente, oyóse un gran trueno que brotó Dios sabe de dónde y tuvo un ronco retumbo por todos los ámbitos, y que apagóse en el acto la crepitante lumbrarada y se alzó espesísima humareda, y cuando ésta se disipó ya no aparecieron las hechiceras, pues que el demonio las había arrebatado para llevárselas vivas a sus antros infernales, que con mil argumentos y razones irrefragables por su maciza lógica aseguraron esto muy competentes teólogos y canonistas; otro narraba que presenció un auto de fe en la Imperial Toledo, que en él estuvo presente el Rey —a quien Dios guarde y prospere— con toda su enlutada corte, y que Su Majestad no cesaba de rezar el rosario; por sus manos blancas pasaban y repasaban las negras cuentas de ébano; que esta devoción y recogimiento edificó a la multitud que llenaba el ancho Zocodover. Otras cosas se contaban por este tenor.

No se ignoraban ninguno de los largos preparativos que hacían Sus Señorías los inquisidores y como esto no era dentro del cerrado hermetismo del secreto, las noticias iban corriendo rápidas por todas las casas y tertulias de la ciudad. Andaban en las bocas de todos. Los señores del Santo Oficio no impedían que se propalara lo que a diario estaban previniendo para que así se le diera más importancia al suceso y no les importaba tampoco que las cosas se fuesen mudando y alterando de lengua en lengua. Todo eso era labrar en su favor.

Se sabía que se fijó el 28 de febrero, primer domingo de cuaresma, para que se verificara con la mayor pompa el auto de fe, el primero que iba a haber en la Nueva España; aunque los hubo en tiempos de don Fray Juan de Zumárraga y de Fray Alonso de Montúfar, habían sido puramente particulares, ya en la iglesia Catedral, ya en la de Santo Domingo; pero éste sería público y general, y para celebrarlo estaban las cárceles inquisitoriales abastadas en muy suficiente número de herejes de toda laya; los había judíos y judaizantes, mahometanos, brujos y hechiceras que guisaron en sus aquelarres toda clase de daños, bígamos, profanadores, concubinarios, fornicantes, hombres y mujeres impenitentes y relapsos, y muchos confitentes de otros delitos graves contra la fe.

El inquisidor menos antiguo y el Fiscal fueron al Palacio a participar al virrey, don Martín Enríquez de Almansa, que en el supradicho día 28 se iba a verificar el auto y que le rogaban que fuese muy servido de concurrir a él con toda su corte para así con su presencia, comunicarle mayor solemnidad. El secretario, el alguacil y el receptor se presentaron, previo ceremonioso anuncio, ante ambos cabildos, el eclesiástico y el de Ciudad, para dar el mismo aviso y hacerles con todo rendimiento igual convite. Todos los señores cabildeantes de entrambas corporaciones, se les ofrecieron muy rendidos y solícitos en todo cuanto pudieran autorizar el auto con sus personas, y añadieron que estimaban en mucho esta buena correspondencia con la Santa Inquisición y estar en excelentes términos con ella para todo lo que les ordenase, y que su mayor gusto era ocuparse en las cosas de su servicio.

Igual aconteció en la Real Audiencia; los oidores se mostraron muy complacidos por haberles hecho el convite y manifestaron que le tenían al Santo Tribunal el debido acatamiento y que no estaban más que para bajar la cabeza a ejecutar sus mandatos.

Los inquisidores escribieron a los comisarios residentes en Oaxaca y Guadalajara, así como a los de Michoacán, Tlaxcala, Zacatecas y la Veracruz, ordenándoles que por pregón y con toda la mayor pompa posible, entre atabales y trompetas, avisaran al pueblo por las principales calles y plazas de sus ciudades, la celebración del auto público de la fe en la capital de la Nueva España; también les enviaron cartas muy cumplidas destinadas a los señores obispos de sus diócesis, convidándolos para venir a la ciudad de México a hallarse en el mentado auto, tan religioso y tan de su profesión; e igualmente fueron misivas para los cabildos seculares, pero solamente les notificaban el día en que iban a verificar su ceremonia. De esos lugares se extendió la nueva por todo el reino, pasando de mano en mano, y de tierra en tierra. La noticia iba creciendo como suele, con las lenguas del camino.

A los prelados del Yucatán, Honduras, Nicaragua, así como a los cabildos sede vacante de Guatemala, Chiapa y Veracruz, a los ayuntamientos lejanos y audiencia de la Nueva Galicia y de la dicha ciudad de Santiago de los Caballeros de Guatemala, también se les mandaron muy cordiales cartas suplicatorias para que rogasen a Dios Nuestro Señor se dignara enderezar toda la intención de los inquisidores para el mejor servicio suyo y exaltación de la fe.

Más tarde a todos estos señores obispos y audiencias, se les remitió un largo y muy circunstanciado informe de todo lo acontecido en el famoso auto, para que así quedaran bien puestas en memoria y relación las cosas que pasaron y, además, porque estando la Santa Inquisición apartada de esas regiones, convenía mayor trato y familiaridad con ellas, para que, de este modo, en los lugares más lejanos del virreinato, se tuviera siempre presente que había Tribunal de la Inquisición en la ciudad de México contra la apostasía y herética pravedad.

Sus Señorías sabían bien que el caballero santiaguista, don Antonio Morales de Molina, obispo que era de Tlaxcala, con su palabra fervorosa levantaba los ánimos y encendía los espíritus, pues con haber en el episcopado predicadores muy bien reputados por lo excelentes, él, cuando hablaba, iba tejiendo la oración con primorosos y sobresalientes adornos retóricos y mantenía suspensos a todos sus oyentes, robándoles los corazones, pues siempre lo acompañaba un relevante modo en el decir, un donaire gracioso en el hablar. No ignorando los señores de la Inquisición estas supinas cualidades y tampoco la muy particular de saber decir a los pecadores el error de sus vidas, lo convidaron para que orase el sermón en el auto de fe. Por el mismo correo contestó Su Ilustrísima que se tenía por muy beneficiado con ese alto honor que se le confería y que por él daba las más cumplidas gracias y el sí de su aceptación.

Por su parte los señores regidores de la ciudad se juntaron en cabildo el 12 de ese mes de febrero y acordaron esto que se expresa en el acta de la sesión: "... porque para en fin deste mes de Hebrero, se haze auto público de fee en esta cibdad, e porque es cosa nueba en esta tierra, mandaron quel señor obrero mayor mande hazer un tablado para esta cibdad a costa de los propios dellá, y para las mugeres de los señores alcaldes y caballeros regidores deste ayuntamiento; e por esta vez se conbide a las mugeres de los señores oidores de la Real Audiencia y de los alcaldes de corte, para que bengan el dicho día al dicho tablado; y se haga otro tablado p. la Universidad".

Y en el cabildo que se verificó el 22 del susodicho mes, previendo los munícipes que había de venir mucha gente forastera a presenciar la solemnidad, acordaron lo que va en seguida y que está escrito en el acta de la junta: "... los dichos señores... dijeron, que para el auto de la sta. fe que se haze el domingo primero (es decir, próximo) se entiende que vendrán de algunas cibdades desta nueba españa a lo ver, algunas personas como sean alcaldes y regidores de las dichas cibdades, abiéndolo conferido acordaron, que por esta vez se conbiden y dé asiento a las tales personas en el tablado de la cibdad después de los Regidores del ayuntamiento".

El 26 del ya repetido mes de febrero se pregonó solemnemente la celebración del auto. Salió de las terribles casas de la Inquisición buen número de familiares con varas altas, precedidos de tocadores de trompetas y atabales; después de estos músicos iban muy enlutados, muy graves, los ministros del Santo Tribunal, don Pedro Moya de Contreras, don Alonso Fernández de Bonilla, don Saturnino Higareda, el alguacil mayor Francisco Verdugo de Bazán, el secretario Pedro de los Ríos, el receptor Pedro de Arriarán y los testigos Gaspar Salvago, Silvestre Espíndola, don Juan de Saavedra. Cabalgaban en altos caballos frisones muy bien enjaezados a la jineta, llenas las monturas de terciopelos y aljófares. Todos ellos, sobre los ferreruelos llevaban sus insignias y al pecho las lucientes veneras.

Atrás, muy enhiesto, el contador Pedro Pablo de Anduerza, caballero también en un corcel de mucha alzada, rodeado de los secretarios. Trompeteros y atabaleros no cesaban de tocar. Se injertaba en el ronco redoble el claro vibrar de los metales. Toda la tarde se llenó con el grito agudo de las trompetas y con la voz acelerada y profunda de los atabales. La gente curiosa llenaba los balcones, las ventanas, los pretiles, la ancha plaza. Toda la familia dominica salió para oír, para ver, más allá de la extensa barda de arcos invertidos que circundaba el atrio de su iglesia y convento. Eran allí los frailes de Santo Domingo una quieta masa blanca y negra.

Fué más vivo y sostenido el redoble profundo de los atabales; con acelerada rapidez caían los bolillos sobre los restirados parches y las largas trompetas como que agudizaban más su voz llamativa. Callaron y se hizo un amplio silencio; en él se podía oír bien el leve volinar de una mosca. Saltó potente la voz cava del pregonero:

"El Santo Oficio de la Inquisición, hace saber a todos los fieles cristianos, estantes y habitantes en esta ciudad de México, y fuera della, cómo celebra Auto General de la Fe para exaltación de nuestra Santa Fe católica a los veintiocho días del mes de febrero del presente año de mil quinientos y setenta y cuatro, en la Plaza del Marqués desta dicha ciudad, para que acudan a él los fieles católicos, ganen las indulgencias que los Sumos Pontífices han concedido a los que se hallen en semejantes actos. Mándese pregonar para que llegue a noticia de todos".

Este primer pregón se echó en la esquina del Santo Oficio, calles de la Perpetua y Sepulcros de Santo Domingo; el segundo, fué debajo del balcón principal de la Real Casa, al que estaba asomado el Virrey con sus altos dignatarios y gentileshombres; frente al Ayuntamiento se dió el tercero; a sus ventanas se hallaban todos los del Cabildo y justicias de la ciudad y los principales servidores municipales; el cuarto, sonó al principiar la calle de los Plateros; el quinto, que fué el último, se dió en la esquina que hace Tacuba con Cereros, esta vía se llamó después del Empedradillo y fué muy renombrada.

Recorrió el paseo otras rúas principales entre una vasta multitud y gran admiración, y entró al fin, al claro son de las trompetas y al ronco redoblar de los atabales, en las sombrías casas de donde había salido lleno de vistosidad. Toda la gente estaba maravillada.

Al otro día, que fué el 27, salió la muy imponente procesión de la Cruz Verde. Amaneció la Santa Cruz en el altar mayor de Santo Domingo, entre seis gruesas velas amarillas, tres a cada lado, puestas en altos candeleros negros de madera fileteados de blanco, y estaba delante de un gran paño de terciopelo también negro, con galones de plata y luengas flocaduras también de argento. Un gentío iba atraído por la curiosidad a verla y después rezar frente a ella muy contrito.

A las primeras horas de la tarde empezaron a llegar a la iglesia dominicana gran número de frailes de todas las religiones establecidas, la de los franciscanos, la agustina, la mercedaria, así como el clero secular, familiares y ministros del Santo Oficio, un sinfín de caballeros nobles, lo mejor y más calificado de la ciudad, "luciendo sus insignias sobre vistosas galas". También concurrieron muchos señores ricos y otros muy respetados por su saber y virtud. Con todo este concurso pronto se llenó no sólo la iglesia, sino quedó henchido el convento, su compás, su patio, su portería, sus claustros, su refectorio, algunas celdas y otras amplias dependencias.

A las tres en punto fué todo este gentío en lenta formación procesional a la Inquisición, para traer a Santo Domingo al alguacil mayor, el proceroso Francisco Verdugo de Bazán, quien salió deslumbrante, trajeado de terciopelo carmesí con muchos sobrepuestos y galones y un abundante refulgir de joyas. Lo acompañaban buen golpe de lacayos y pajes, todos ellos con vestidos rozagantes de rasos y catalufas; también lo seguía competente número de alabarderos, con vistosos uniformes en el que el joyante rojo alternaba en combinación gustosa con el amarillo y lo plateado.

A las puertas del templo salió a recibir al Alguacil Mayor el prior y otros padres graves, y tras de rezar una breve oración en el presbiterio, bajaron del desnudo altar la Cruz Verde. Se organizó después la vistosa y larga procesión. Desfiló entre el compacto gentío que se arremolinaba inquieto en toda aquella enorme plaza polvorienta. No iban las comunidades religiosas, ni la clerecía y los señores, en grupos separados, formados sólo con los de su clase, sino que marchaban confundidos todos entre sí, caballeros, conventuales, repúblicos, clérigos, personas del estado llano, para simbolizar con esta mezcla la unión perfecta y sin distinciones que hay en la Iglesia católica de Cristo.

Sobre aquel espeso mar movedizo y rumoroso, sobresalía ondeando el rojo estandarte de la fe, que tenía bordados en alto realce sobre su damasco granadino y matizadas con sedas de colores, las armas del Santo Oficio y los simbólicos signos del martirio de San Pedro, a cuya advocación estaba acogida la cofradía de los inquisidores. Lo llevaba un caballero principal y elegante entre sedas brochadas, los gruesos cordones de oro rematados con sendas borlas, otros señores también muy alcurniados y vestidos con gran atuendo.

Por encima de la multitud sobresalía asimismo la Cruz Verde, que portaba muy derecha el prior dominicano; en ratos largos, cuando no podía más con la carga, lo cireneaba solícito otro prelado, pues que era de gran peso ese santo signo de nuestra redención: medía tres varas de alto y una cada brazo, así es que se necesitaba ayuda y ser, además, bien fornido para sostener aquel macizo madero. Pendiente de él colgaba un luengo velo negro, para demostrar la pesadumbre que tenía nuestra Santa Madre la Iglesia por los desventurados culpables y el castigo que iban a padecer sus hijos que marcharon por sendas extraviadas, encizañados en el mal.

Los inquisidores, con sus altos bonetes negros y envueltos en sus amplias gramallas, estaban muy austeros y rígidos en el balcón principal de la Inquisición, sentados en sillones de terciopelo carmesí y con fofos y galoneados cojines a los pies, presenciando el desfile largo y vistoso, que pasaba entre aquel "mundo abreviado" que se movía sin parar en la vasta plaza de Santo Domingo. La capilla de la Catedral iba cantando motetes, y suspendía con la suave consonancia de sus voces. Todas las numerosas campanas de las iglesias, de los conventos, de las ermitas, extendían en la tarde sus sones graves, espaciados, lentos, como una clara y larga angustia que no tenía fin.

Llegó el desfile a la placeta del Marqués, dicha también Plaza Menor y Plaza Chica. En el alto tablado que ahí se alzó con resistente maderaje, se puso la Cruz Verde en un altar, el del lado derecho, con sólo dos velas encendidas en hacheros de plata; en el altar de la mano izquierda se colocó el precioso estandarte lleno de vistosas labores. El coro catedralicio cantó la antífona y versículo de la cruz; el prior de Santo Domingo entonó la oración. Entre el grave canto llano se metían festivas las continuas salvas de los mosquetes de la guardia que mandó poner en torno del elevado cadalso Su Excelencia el Virrey, la que muy firme estuvo en fila, durante toda la noche.

También durante toda la noche permanecieron arrodillados allí los frailes dominicanos, rezando rosarios; una multitud acompañaba a los conventuales en el pío ejercicio para ganar no sé cuántas magníficas cuarentenas de indulgencias plenarias. No había más luz en la placeta del Marqués que la de aquellas dos tristes velas que ardían a entrambos lados de la Cruz Verde; centellaban en la entenebrecida plaza, moviendo sus llamas amarillas que ya ondulaban o ya alargábanse vibrátiles. Era un rumor confuso, sonoro, que se tendía amplísimo entre la noche sin estrellas, despertando ecos distantes. También los frailes, con voces lastimeras y profundas, imploraban a la Majestad Divina el mejor acierto del Tribunal para juzgar en las causas, así como la protección de los reos y que vinieran sus arrepentimientos de todo corazón. A la hora debida, puesta en sus constituciones, cantaron maitines, y desde antes que la luz rayase el alba, dijeron misas en aquellos desguarnidos altares y ante aquella multitud silenciosa.

En la Inquisición tampoco se dormía, se velaba. Revolvíase la tenebrosa casa en un afanoso trajín. Por aquí entran y por aquí salen atareados servidores. Subían y bajaban escaleras, corrían por pasillos, atravesaban el patio apresurados. Mil cosas faltaban y cada una de ellas se creía indispensable, necesarísima, por eso aquel interminable bullicio. A los infelices reos no los dejaban tener sosiego ni cuajar sueño. Aunque bien es cierto que si los dejaran en sus calabozos sin inquietarlos, tampoco dormirían a pierna tendida, a buen reposo y con todo el descuido del mundo, pero, al menos, descabezarían de vez en cuando un somero sueñecillo o estarían en un vago duermevela que los apartaría un poco de sus largos cuidados y pesadumbres.

El Tribunal nombró a frailes de diversas órdenes y a varios clérigos sapientes, de buena vida y ejemplo, para que confesaran a los reos. Previo juramento sobre los Evangelios, fueron todos a las obscuras mazmorras en que yacían los tristes condenados que iban a exhortar y a darles auxilios espirituales. Todos esos santos varones tenían maravillosa fuerza y virtud con las criaturas, y en eso de consolar poseían una particular gracia de Dios. Cada quien fué con el infeliz que le señalaron para oírlo de penitencia. Muchos, que eran judíos o que consentían en la ley de Mahoma, apartados de la santa Iglesia de Cristo, nuestro bien, o que habían apostatado de la fe y pretendido raer del alma el carácter del bautismo, se negaron terminantemente, entre pésetes y reniegos feroces, a confesarse para estar a bien con el Señor. Y allí de la ardua labor de los pacientes frailes y clérigos, convencer la ignorancia o mala intención con persuasivos discursos. Hacían obra en ellos con sus palabras y razones. En esta benéfica labor de persuadirlos y constreñirlos con la evidencia, se pasaron horas y horas.

Después algunos familiares explicaron a los presos por enésima vez cómo habían de ir al tablado; que entretanto se leyeran sus causas estarían con modestia compungida dentro de la jaula de abiertos barrotes en que se les iba a poner, e hincados de rodillas, con el torso echado hacia delante; que mientras durara el sermón su actitud debía de ser con los ojos en tierra y los brazos cruzados; marcharían también muy humildes al ir por la calle, rumbo al templete en donde se les iba a dar la sentencia que cada cual mereciere.

Cubrieron después sus descarnadas notomías con los afrentosos sambenitos. Eran éstos largas túnicas a manera de casullas o anchos escapularios, abiertos por entrambos lados, con sólo un agujero para meter la cabeza. Estaban hechos de recios bayetones de color amarillo o encarnado vivísimo. Se le decía zamarra a la vestimenta que poníanles a los relajados, o sea aquellos que se entregaban al brazo seglar para que les diera garrote o los llevara a la hoguera en que se apagarían sus vidas. Esta ignominiosa túnica ostentaba pintados, muy de brocha gorda, diablos feísimos, unos a manera de dragones y otras figuras espantables con la lengua de fuera. También estaba allí la efigie del reo ardiendo entre grandes llamas.

La vestimenta que se llamaba de *Fuego Revolto* la llevaban los arrepentidos, los que habían tornado a la amistad divina, e iban ya a ofrecer a Dios una vida de penitencia y satisfacción. Toda ella tenía pintadas llamas invertidas, para significar así que el reo habíase librado de acabar en ellas su vida. Los *Sambenitos* se los ponían a los penitenciados. Eran rojos y tanto por delante como por detrás llevaban la cruz aspada de San Andrés. En la cabeza les colocaban a todos, sin diferencia alguna, un alto y puntiagudo cucurucho, como de vara y tercia de alto, y todo él estaba lleno de culebras, llamas, demonios horrendos, murciélagos y otros bicharrajos asquerosos, pintarrajeado todo ello con humo de ocote y agrio almazarrón. Llevaban en una mano largo rosario de cuentas frisonas y en la otra una vela verde o amarilla. Si iba encendida, señal era que estaban reconciliados quienes las empuñaban, y si apagada, impenitentes. A los blasfemos les ceñían las bocas con una ancha mordaza.

Ya ataviados los presos con sus vestiduras de infamia, tornaron frailes y clérigos a su empeño evangélico de serenarles las conciencias con su buena labia.volvieron a argüir y a apretar con sus razones; a decir de la gran misericordia de Dios, y despertándoles en el corazón deseos vivos, les mitigaban la violencia del dolor con palabras ternísimas, embebían dulzura en todas ellas; también con razones muy suaves los consolaban, persuadiéndolos de la bondad divina. Se empleaban todos en la ayuda espiritual de esos infelices seres. Los carceleros empezaron a repartir el desayuno para confortar a los reos transidos de fatiga; tazas de vino y pan en rebanadas, fritas con miel.

Las letras invitatorias a obispos y a cabildos y los pregones que se echaron trajeron a México multitud de gente forastera. Llenaron mesones, posadas, estrechos paradores aquellos numerosos "fiureños"; personas principales, personas de la clase media, personas con empleos civiles o eclesiásticos, o de las que ganan la vida con su trabajo artesano, o sólo ricos sujetos que llegaron muy a lo dineroso, en amplísimos forlones con gran balumba de criados y equipajes en cofres, fardeles y almofreces.

De villas y lugares arribaron personas del estado llano, con crecida impedimenta para parecer bien y tener buen pasar, o bien indios y pobres gentes que hacían su camino a pie y que, por no encontrar albergue adecuado a sus recursos, acamparon en la Alameda, en las plazuelas, o pusieron sus aduares en calles suburbanas, con fogatas de día para sus olorosos condumios y de noche para quitarse el frío de sus cuerpos trabajados.

México estaba repleta y bulliciosa de gente de la clase humilde y de la más modesta mesocracia, la que ya se confunde con el pueblo, y que andaba caminando muy despacio por las rúas y quedábase inmóvil, la boca abierta, viendo todas las cosas que engrandecían la bella capital del virreinato. No tenía ojos para tanta belleza.

Ponían gentilmente en la ciudad su nota de lujo y distinción las damas y señores procedentes de "tierra afuera" y que andaban por calles y plazas conociendo tan gran población, a la vez que lucían sus galas y atavíos. Muchos de esos caballeros y señoras se aposentaban en posadas o fementidos paradores en donde sólo se detenían los trashumantes arrieros con sus largas reatas de recuas, pues para parar no se encontraba entonces más lugares que esos, pero sus dineros y lo que traían de colchones, con su dotación de mantas y sábanas, vajillas, alfombras y otros menesteres, hacían los cuartos cómodos y habitables; o bien estaban de huéspedes en casas nobles o ricas, donde se les tenía con mucho regalo y a las que se les invitó por sus dueños para que viniesen a ganar indulgencias con presenciar el suceso singular del que se hablaba de frontera a frontera del reino, desde sus grandes ciudades hasta sus más escondidos lugarejos, como cosa nunca vista, sin precedente alguno y sin igual.

El día del esperado auto amanecieron enlutados todos los balcones, principalmente aquellos que estaban en la carrera por donde iba a pasar el largo desfile de reos, inquisidores y demás acompañantes. Ostentaban las barandillas ya fúnebres paños de terciopelo, o bien humildes de anascote o bayeta burda. También los habitantes vistieron tristes ropas de luto; los de alto rango las traían de gorgoranes, de felpa larga, de velludos, de alepines, de tabíes, de buratos, de tafetanes dobletes. Los trajes de los pobres o de aquellos de mediano pasar, eran hechos de áspero picote, sayal, estameña, buriel o de bastas jerguetas. De esas ropas efluía el olor grato del cedro, o del sándalo, o del lignoáloe, o del alcanfor de los arcones en que estuvieron guardadas entre toronjas, lanudos membrillos o habas toncas de tan sutil perfume, y unían sus fragancias a la de la madera del viejo mueble familiar y aun las damas se echaban encima una bujeta de fina agua de olor que por el aire desparramaba fragancias, exquisito deleite del olfato.

Se armó un amplio tablado cerca de una de las puertas de la Catedral, casi en la esquina que correspondía a las dos grandes plazas, la Mayor y la del Marqués, para que tuviera asiento toda la extensa comitiva inquisitorial; al lado de este tablado se levantó otro con graderías, destinado a los reos, pero más alto para que fuesen bien vistos de todos; lo remataba una cruz negra. Había varios cadalsos más bajos para que los ocupasen personas de distinción; el Cabildo Eclesiástico alzó el suyo, cubierto de versicolores alfombras cairinas, coquenses y de Alcaraz, con lo que su piso era viva policromía; y el suyo también, muy amplio y alfombrado, armó el Ayuntamiento para sus individuos y sus esposas, y las de los oidores, así como para los invitados foráneos de varios cabildos. La Real y Pontificia Universidad construyó su cadalso, en donde estuvo en cuerpo con el Seminario Tridentino y otros colegios.

Desde muy temprano estaban entrambas plazas henchidas de borde a borde, las calles de mar a mar. No cabía en ninguna de ellas un arroz o un alfiler, como se suele decir para significar la abundancia de personas que ocupan un sitio. Era un gritar confuso, continuo, el de la gente que pugnaba en vano en las bocacalles a fuerza de codo y hombro para meterse en las plazas o en las vías por las que iba a cruzar el esperado desfile; había disputas, había riñas, y un vocerío inacabable que se ampliaba como un repercutiente mar agitado en borrasca. Era tan grande el concurso que no existía hasta esa fecha memoria de tanta multitud de gente que hubiese venido a México a regocijo público, ni a otra cosa de gran solemnidad que en la tierra se haya verificado. En las ventanas y balcones se arracimaban señoras y señores con anhelante ansia de ver; recubría las azoteas una muchedumbre quieta, en contraste con la que abajo hervía alborotada, alharaquienta; pero ésta y la de los balcones, ventanas y tejados estaban llenas de la misma ansiedad.

De pronto estalló un largo grito que venia ondeando como cinta invisible, desde las bocas de los que estaban cerca de la ferrada puerta de la Inquisición, hasta llegar a las de los que hallábanse en los últimos confines de las dos plazas y calles adyacentes: "¡Ya salieron!" "¡Allí vienen!" Llenaron todos los ámbitos estas exclamaciones que se propagaban anhelantes y atronadoras de unos a otros. Los que estaban atrás querían con vivo empeño pasar adelante para ver mejor, y los de adelante ponían fuerza para no dejarlos hacer su gusto y gozar ellos del buen sitio. En estas pugnas constantes se echaban a volar adjetivos recios, muy a la real de España, y aumentaba el barullo y vocerío. "¡Ya salieron!" "¡Allí vienen!" y por encima de la tabaola, confusión y enorme bullicio, pasaban aquellas voces que aumentaban el pío, el ansia y el deseo.

En esto empezó a sonar despaciosa una de las campanas de Santo Domingo y le respondía gravemente la mayor de la Catedral. Era un diálogo profundo el que mantenían entre sí esas campanas bajo el sol de la mañana y el ansia conmovida de la gente. Sus voces se acoplaban con el grito férvido de la multitud. "¡Ya salieron!" "¡Allí vienen!" Algo misterioso decía una campana y algo tétrico le contestaba la otra. Estaba en consonancia el diálogo sonoro con la Cruz Verde, con los pintarrajos de las corozas y sambenitos; con tanto y tanto paño de luto y con las rígidas golillas blancas y los trajes negros; con las togas de los oidores; con los hábitos de los frailes; con el cerrado ceño y las garnachas de los inquisidores; con la elocuencia pavorosa del sermón que se iba a predicar; con las purpúreas hogueras que iban a arder.

Había apretada plétora de gente en la Inquisición. Los continuos de la casa, los convidados. En las salas, el Virrey, los oidores, los concejales, los canónigos, los gentileshombres de Palacio, los maestros del Seminario y los de la Real y Pontificia, entonados caballeros de alto bordo, familiares; abajo, en el patio, reos, carceleros, corchetes, lacayos, guardias de emplumados chapeos y brillantes alabardas que devolvían la luz en mil reflejos inacabables. Empezó a salir todo aquel mundo. Venían delante, abriendo camino entre la multitud, unos soldados con uniformes de ardientes y abundantes colorines, también unos familiares del Santo Oficio hacían lo mismo, pero éstos a caballo despejaban a duras penas buen trecho de la calle para dejarla libre y dar paso a los condenados y al largo cortejo. Años más tarde y con el buen fin de evitar estas terribles aglomeraciones, se puso el recio obstáculo de una valla de fuertes vigas y morillos para que la multitud desordenada se detuviera en ella y no se metiese en el lugar por donde transitaría la procesión.

Iban las enlutadas mangas de las parroquias y sus cruces altas entre ciriales, con sus respectivos curas y vicarios, seguidos de mucha clerecía de rizadas sobrepellices. En la boca llevaban un rumor de oraciones. Después de mucho espacio seguía una mula, alta como castillo de carne, arrastraba luenga gualdrapa de velludo negro enriquecida con galones dorados y fluocadura abundante; la conducían por el diestro dos lacayos, uno a cada lado muy orgullosamente erguido; cargaba la acémila un gran cofre chapado de carey y plata labrada en nimia filigrana, el cual contenía las numerosas causas que se iban a leer.

Marchaban en seguida los reos, todos muy desemblantados, con sus infames sambenitos y picudas corozas, sus rosarios y sus velas verdes; además, traían colgada al cuello una larga cuerda con gruesos nudos para hacerlos visibles; cada uno de ellos representaba cincuenta azotes y el pueblo los iba contando en voz alta, con retintín burlesco, para aumentarles el escarnio a los infelices. Terrosa palidez se untaba en sus rostros desencajados por tanta y tanta vigilia y azoro constante, en sus miradas se quedó detenido el terror y la súplica que se los abrió en el tormento. De los cónicos gorros de ignominia salía el pelo lleno aún de la tierra de los calabozos y apegotado de sudores febriles.

A cada preso lo custodiaban dos guardias, empuñando sendos lanzones en cuya punta estaba prendida la movediza luz de un reflejo. También llevaban al lado suyo ya a un clérigo, ya a un fraile, que no cesaba de predicarles con fervor, confortábanles el corazón y los inducían dulcemente al arrepentimiento, pero los tristes no oían la cordial suavidad de las palabras, sus espíritus flotaban ya en regiones lejanas, iban con los ojos levantados al cielo o perdidos en una distancia indefinible, como si contemplaran un abierto confín.

La gente se admiraba de verlos, pues no creía que hubiera en México tantos seres que sembraran en sus sentidos una tupida selva de torpezas y que tuviesen pensamientos contrarios a la santa ley de Dios. Las madres levantaban en vilo a sus hijos pequeños por encima de aquel mar de cabezas, para que vieran a los protervos y los recordaran a lo largo de sus vidas. Mucha gente indignada, al doloroso espectáculo que ofrecían los condenados, añadíales crueldades inhumanas, les gritaban agudas desvergüenzas, pésetes, mil abominaciones; el aliento de los insultos les llegaba a los rostros, mientras que otros circunstantes, con largas carcajadas muy ruidosas, celebraban esos baldones y denuestos de quienes tan estrechos venían a su rabia apostólica los corazones, que se les despedazaban por salir. Algunos fanáticos lograron alcanzarlos con un clavo puntiagudo atado al extremo de un otate.

Desfilaron numerosas cofradías parroquiales con sus vistosos estandartes bordados y rebordados de oro y plata, que coruscaban con brillos magníficos al ondear entre el sol; pasaron las extensas comunidades de los franciscos, de los dominicos, de los mercedarios, los de la religión de San Agustín. En seguida cruzó un brillante estol de caballeros de jerarquía. Muchos de ellos encima de sus ropillas se hicieron bordar con linda minuciosidad, con sedas de colores e hilos de oro y plata, el escudo de la Inquisición. Todos ellos iban de luto, lucían espesos terciopelos negros, rizados astracanes, plumas negras también, pero iban muy resplandecientes de alhajas, veneras, cadenas, sortijas, dijes, firmezas, joyeles en las gorras; chispeaban los diamantes, las esmeraldas, los rubíes, los topacios, las episcopales ametistas.

Los nombres esclarecidos de estos señores saltaban respetuosos de muchos labios: éste es don Gómez Arias, aquél el enjundioso don Tirso de Meneses, ése, don Gonzalo Dorantes de Mendoza, el de este lado no es otro que don Luis de Albornoz que marcha junto a don Guillén de Cifuentes, el de más allá don Alvaro Velasco; y seguían mentando a otros próceres: a don Andrés Medina, a don Rodrigo Sánchez de Tagle, a don Sebastián Illescas, a don Fernando Haro... El que pasa aquí cerca es prioste de una cofradía; el de más acá, primicerio de otra muy ilustre; éste es conde, marqueses son aquéllos, duque el que va con el rosario de nácar.

Con majestuosa rigidez seguían en la procesión los oidores, sonando las sedas de sus amplias garnachas; entre ellos iba el elocuente obispo de Tlaxcala, que ponía la intensa nota morada de sus joyantes faldularios agitados con su andar, entre la austeridad de tanta ropa negra; fulgían con vivas lumbres las gemas simbólicas de su gran pectoral, así como la amatista prelaticia cercada de diamantes, al subir y bajar la mano blanca, breve y carnosa, bendiciendo a uno y otro lado. Iba solo el Inquisidor Fiscal, empuñando el suntuoso estandarte de damasco granadino, lleno de guarniciones de orfrés y brosladuras versicolores. Lo seguían a poco trecho los oficiales del Santo Tribunal, el Alguacil Mayor de Cancillería y sus arrogantes tenientes; desfilaron luego ambos cabildos, el de Ciudad y el de la Iglesia, éste a la izquierda, el otro a la derecha y por su banda cada uno.

Pasaron los señores de la Inquisición. Difundían helado pavor. La plebe los miraba absorta, enmudecida. Se hacía el silencio a su paso, un silencio hondo, lleno de temores ocultos. El inquisidor, don Pedro Moya de Contreras, llevaba a su mano derecha al señor virrey, don Martín Enríquez de Almansa, a la siniestra a don Alonso Fernández de Bonilla, el inquisidor menos antiguo. Era imponente la enhiesta rigidez y majestad de estos señores. Todos creían ver en sus rostros un implacable rigor; sus ojos parecían encendidos de saña y que vertían enojos por tantos pecados y pertinacia como a diario veían. A lo último, cerrando ya el lucido desfile, los oficiales del secreto y otros del Santo Oficio, con su alguacil mayor, Francisco Verdugo de Bazán, rodeado de lacayos y pajes, todos ellos arreados con mucha vistosidad, les relucían largas cadenas de alquimia pendientes de sus cuellos. Pasaron los alabarderos con sus brillantes alabardas. Entre el gentío se quedó sonando un largo runrún de admiración.

Toda esa insigne muchedumbre tomó asiento en los tablados. Fué necesario de mucho espacio de tiempo para ver de colocarse en sus respectivos lugares. A los reos los pusieron por el orden en que iban a ser sentenciados; el cadalso de ellos era más elevado que los otros cadalsos; esto —ya lo dije antes— para que fuesen bien vistos por todo el concurso. El sitio para el Virrey estaba bajo un dosel de terciopelo morado, del de tres altos, con galones anchos y luengo fleco de oro; en el centro un gran escudo de España con bordadura magistral y matizados colores. Tenía Su Excelencia cojín para los pies y otro con borlas en el asiento. Éste era suave y, pesar de ello, estaba encima ese almadraque de velludo para mayor regalo, blandura sobre blandura, pues el rato que el Virrey iba a estar sentado sería largo. Para los tres adustos inquisidores, otro dosel igual, también violeta, franjeado de áureos galones, pero con el escudo del Santo Oficio. Sillones no muy muelles, con abundante clavazón dorada y torneados perillones de bronce, para los de la Real Audiencia y demás ilustres acompañantes, pero sin almohada, símbolo de dignidad, para los pies.

Se dijo una misa; la rezó con mucha pausa y devoción el anciano prior de los dominicos, Fray Raimundo de Espínola, entre un silencio hosco. La campanilla de las litúrgicas elevaciones, sonaba como un lamento, su clara voz parecía que estaba llena de sentimientos y quejas. Al púlpito, recubierto con fúnebre paño, subió el obispo de Tlaxcala, el ilustrísimo Señor don Antonio Morales de Molina, caballero santiaguista. Oró un largo sermón con muy lindo despejo y elegancia; daba voces contra el pecado y unas a modo de llamas encendidas arrojaba su palabra en los corazones de todos. Salían llantos y gritos de pavor de entre la muchedumbre que no osaba mover pie ni mano y casi ni parpadear. Jamás se vió multitud con tan gran sosiego. Su Ilustrísima ensanchó y dilató el tema más de una hora, con jugo y gracia en el decir. Todo el mundo estaba suspenso, absorto, embelesado. El Obispo plantaba la fe en todos los pechos. Al fin consoló a la gente con un manjar sabroso de doctrina espiritual. Cuando el Ilustrísima don Antonio Morales de Molina acabó de hablar, los ojos de los innumerables circunstantes, alucinados, buscaban en el aire sus palabras, pues creían que era algo vivo que andaba aún sonoramente revoloteando en él.

El secretario Pedro de los Ríos leyó, puesta en buen romance, la bula *Si de Protegendis* de la Santidad de Pío V, en contra de los que estorban el recto, libre uso y ejercicio de la Santa Inquisición y ofendieren a sus ministros. Unos familiares muy ceremoniosos, en grandes fuentes de plata cincelada presentaron al Virrey y a su séquito a los oidores y concejales los Santos Evangelios junto con lindas cruces también de plata, para que prestaran juramento de homenaje y fidelidad. El dicho Pedro de los Ríos leyó la fórmula: "Que juro a Dios, y a Santa María, y a esta señal de la Cruz, y a las palabras de los Evangelios, que seré en favor, defensión y ayuda de la Santa Fe Católica, y de la Santa Inquisición, oficiales y ministros della, y de manifestar y descubrir todos y cualquiera herejes, fautores, ofensores y encubridores de ellos, perturbadores e impedidores del dicho Santo Oficio, y no les daré favor y ayuda, ni los encubriré; mas luego que lo sepa lo revelaré, y declararé a los Señores Inquisidores. Y si lo contrario hiciere, Dios me lo demande, como aquel o aquellos que a sabiendas perjuran".

Todo el mundo con el brazo derecho extendido y haciendo con los dedos la Santa Señal de la Cruz, prorrumpió en un grito atronador y unánime: "¡Sí juro!" Volvió a sonar la voz de De los Ríos, engolada y magnífica: "Digan todos amén". Rasgó los aires el amén de la multitud enardecida de fe, como otro grito tremendísimo. Se contaba después que ambos gritos traspasaron con claridad los términos de la ciudad, cruzaron los pueblos suburbiales y fueron a extinguirse en la asoleada soledad del campo.

Tomó principio la ceremonia con la vindicación del cumplido caballero sevillano don Pedro Juanes de Toledo, alcalde mayor que fué de la villa de la Trinidad en la distante Guatemala, contra el que procedió temerariamente el obispo de esa diócesis, quien le puso acusación de herejía. Se le envió a México con su abultada causa después de haber sido despojado de la totalidad de sus bienes y de haber cargado a los de su familia con grandes infortunios. Sentenciar a hombre de reputación por sólo el juicio de uno, es mucho rigor.

Hallándose el infeliz caballero hispalense preso en las cárceles secretas, una mañana del mes de septiembre del 1569, se le fué la vida en un dos por tres sin que se encontrase remedio eficaz para detenérsela, "y así se le señaló sepultura por el Ordinario como a hombre infamado del dicho crimen". En el auto de fe "fué dado por libre definitivamente, con una relación de sentencia muy honrosa, como lo pedía la causa, por la mucha infamia que recibió su honra y notable detrimento y pérdida de su hacienda, que edificó mucho al pueblo, por ser el reo muy conocido y la pasión con que contra él se procedió, notoria".

Muy bonito todo esto, precioso, qué duda cabe. Se hizo la reparación y, sobre todo, se dió por libre a tan distinguido caballero, muy a tiempo, pues le sirvió de mucho al desventurado después de muerto y de que llevaron a la ruina más completa a los suyos. La restitución no compensa el mal pasado. El daño nunca vuelve a su ser.

Empezó el Secretario la lectura de las causas. Era eso la quintaesencia de lo enfadoso. Causaba mortal hastío. Escuchábase con atención una causa, dos causas, tres a lo sumo, pero no cincuenta o sesenta, o como en este caso, setenta y una, y todas ellas abultadísimas. No se podía de ningún modo tener los pensamientos fijos, sin distraerlos, en ochenta y tres como dicen otros que fueron en esta ocasión los procesos de los ajusticiados. Producía tedio y fatiga enorme oír leer tanto folio y folio con voz lenta y monótona. Se daban con ello arcadas de fastidio. Cada uno de estos imponentes mamotretos era interminable, no se acababa nunca: la denuncia llena de mil circunstancias copiosas; declaraciones extensísimas, prolijas, en que se repetía y se repetía la misma cosa; pruebas y más pruebas; incidentes inesperados; si venció el preso el tormento o no lo venció; lo que en él le preguntaron, lo que dijo y también lo que no dijo; la acusación fiscal; las públicas confesiones de testigos; la primera sentencia con luengos y farragosos considerandos y resultan dos atestados de razones, de citas latinas, de textos de autores sagrados y profanos, de consecuencias, de un atiborro, en fin, pesadísimo, que agotaba y apuraba la paciencia.

El pueblo, durante esas mortales lecturas, divertíase en conversaciones, o comía dulces y fruta o bien sus cosas sabrosas, sin atender para nada a la voz cansina y pesada del secretario, que ponía a muchos en el sueño como si hubiesen tomado una buena ración de opio o de otro eficaz somnífero que realizara admirablemente su función. El Virrey, los oidores, concejales, inquisidor, gente notable y poderosa, y demás convidados de pro, se iban de tiempo en tiempo detrás de los tablados a distraer su largo cansancio, o acudían ahí al impertinente llamado que les hacían urgentes necesidades corporales, o a refrescar con aguas nevadas de variados sabores, comer alguna fruta del tiempo, aguanosa y fresca, o frutas en almíbar o escarchadas que tenían brillos como de joyas, o se regodeaban con pastelillos de diversas masas, o bien con dulces de deliciosa hechura monjil, o ya bebían copillas de vino alicorado o mulso o de jerez aromático y corroborante.

Cada reo oía leer su causa metido en una jaula de madera pintada de negro, con los barrotes muy abiertos, para que el pueblo lo viera bien. Permanecía de rodillas, con los brazos cruzados sobre el pecho, escuchando su largo proceso durante cuya secuela tanto padeció y le añadieron penas a penas; cargaron sobre el sin ventura un sufrir constante lleno de zozobras, y hartáronlo de tormentos y de largas angustias y dolores sin fin.

Unos reos abjuraron *De Levi*, *De Vehementi* otros. La abjuración era *De Levi* cuando sólo había leves indicios de herejía en el acusado; si existían claras las sospechas, la abjuración era entonces *De Vehementi*. Se les impuso a todos, menos a los que se iban a quemar, que sería demasiado rigor, diversas penas: extraordinarias tundas con duros látigos, con los cuales los iban a desollar de pies a cabeza; unos se mandarían a destierro fuera de la contornada de México, otros serían expulsados definitivamente de la Nueva España; a muchos los castigaban con dineros, multas crecidas que los iban a dejar pobres para siempre: "la ley de la numerata pecunia", que decía Estebanillo González con su buen humor; a numerosos penados los mandaban a servir a los conventos por meses, por años; a otros les impusieron suaves penitencias espirituales como eran confesarse y comulgar tantas más cuantas veces, oír misas en mayor o menor número en los presbiterios, toda entera hincados de rodillas, con una vela verde en la mano y vestidos con la vergüenza del sambenito; a otros se les destinó a galeras, a remar en las naves del rey; a otros se les enviaba a cárcel perpetua.

Solamente a dos se les relajó al brazo seglar, es decir, fueron entregados a la autoridad civil para que sus jueces ordinarios los condenaran a las penas que disponían las leyes comunes para los apóstatas y herejes. Si éstos se arrepentían, desdiciéndose de sus protervos errores, no se les llevaba a la hoguera, sino que eran estrangulados en el garrote y sus cadáveres iban después a carbonizarse en las llamas. Por escapar de esta muerte pavorosa entre el fuego, todos, aunque no fuera cierto, se confesaban delincuentes de sus culpas, se dolían mucho de haber pecado y gritaban con grandes voces su fingido arrepentimiento.

Eran bien pasadas las siete de la noche cuando se suspendió el auto porque ya andaban las sombras en la plaza. La noche cobijaba el cielo, con oscuros tules. Ya se hacían tinieblas sobre la ciudad. Se alzaron todos los señores de sus asientos. Los de la Inquisición, los de la Real Audiencia, los del Regimiento y Justicias de la ciudad, acompañaron al Virrey hasta dejarlo en el Real Palacio con su crecido séquito de dignatarios, pajes y gentileshombres de casa y boca. En la Real Casa se quedaron también los oidores; a las Consistoriales fueron los del Cabildo; el Eclesiástico entró en la Iglesia Catedral con el celebrado obispo de Tlaxcala y caballero de Santiago, en cuyo obsequio sonaban encarecidos loores por el magnifico sermón que predicó con mucho torrente.

A los reos, todos muy agobiados, los volvieron a la terrible casa de la Inquisición. La oscuridad del calabozo cubrió su vergüenza y sus tristezas. El gentío se disipó cansado, silencioso; ya en la paz de sus hogares o posadas comentaba de mil modos admirados lo que vió, lo que oyó, y estremecíase cada cual al pensar que la denuncia de un malqueriente lo llevase al Santo Oficio que le acabaría con el sosiego apacible de sus días que se iban deslizando apacibles, con dulce monotonía, hacia la muerte.

Al día siguiente fué el terrible complemento del auto. Idéntica apretada multitud en las calles, con la misma curiosidad inquieta e igual afán. La mañana era benigna, gratamente calentaba el sol. Muy temprano, en el ancho patio de la Inquisición estaban los delincuentes, más de sesenta, aguardando su castigo. Se iba a ejecutar el suplicio en lugar público. También se hallaban allí los escuálidos caballejos en que iban a cabalgar. Ya mostrarían en ellos su buena jineta. Salieron al fin caballeros en sus desmedradas monturas; ya no vestían las pintarrajeadas corozas y sambenitos, sino que los desnudaron de cintura arriba para que mejor y más lindamente operaran los verdugos.

La gente los iba señalando con el dedo, decía sus nombres y mentaba sus largos delitos, lo que había escuchado el día anterior, en la aburrida lectura de las causas. Apenas traspusieron el umbral de la Inquisición cuando les dió el primer zurriagazo el fornido verdugo. Ya no caminaba a su lado ni fraile ni clérigo que los consolara ni les encendiera las esperanzas, mostrándoles un Santo Cristo en su cruz, sino que llevaban un áspero jayán que golpeábalos sin misericordia. Otro de la misma calaña, fámulo del Santo Oficio, conducía al flaco jamelgo por el ronzal y para mejor cumplir con su cometido decíale al pobre ajusticiado mil afrentas y le daba en rostro con sus pecados.

Al frente en aquella procesión dolorosa iban dos pregoneros, músicos de culpas como se les decía, de voz amplia y resonante, y alternándose gritaban hasta desgargantarse: "¡Mirad a estos perros herejes, luteranos, enemigos de Dios!", y la multitud como un vasto eco respondía: "¡Duro, duro con esos perros herejes, enemigos de Dios!" y luego, encorajinada, añadía mil afrentas y mil maldiciones. Los verdugos descargaban sin parar copia sin número de crudelísimos azotes, como si cuanto antes quisieran acabar con los cien, con los doscientos, los quinientos o más que tenían por precisa obligación poner en el cuerpo lacerado de aquellos pobres seres. Hacían sus espaldas la costa de la burla.

Cada azotazo de aquéllos, dado con sin igual furor, casi quebraba los huesos. Con chasquidos veloces sonaban los látigos manejados diestramente. Las carnes se abrían rojas, palpitantes. La sangre iba salpicando a la multitud. El aire se llenaba con los hondos gemidos de aquellos desdichados; muchos se desmayaban de dolor y doblábanse todos flojos sobre las cabalgaduras y aun así les añadían golpes terribles a golpes espantosos.

A bastantes, principalmente a las mujeres, de cada rebencazo las derribaban del caballo. Se volvía a poner a las víctimas a horcajadas y continuaban en su afanosa tarea los ministros de justicia que aplicaban esa terrible pena corporal jugando floridamente de sus largos chirriones de muchas y delgadas pajuelas. Al caer los tremebundos azotes en los pechos, en las espaldas, en los brazos, los desollaban; arrancábanles largas túrdigas de pellejo y los gritos y gemidos hacían elocuente manifestación de su dolor. El gentío con maldiciones y denuestos celebraba los lastimosos clamores.

Por la calle de Tacuba, por la calle de los Plateros, por la del Relox y antes de esta rúa por la Plaza Mayor, anduvo el cruento paseo. Los torsos de todos los delincuentes estaban descarnados, bermejos de sangre. Corría por ellos en ondas copiosas que se sucedían unas a otras aceleradas, saltando por encima de las heridas, o iban en sinuosos hilos que al avanzar engrosaban su caudal unos con otros para caer después en las piernas, e irse culebreando a lo largo de ellas y escurrir al fin por los pies descoloridos, como de cera vieja.

Los penados dejaban en el suelo la roja huella de su paso que el sol hacía brillar con esplendidez siniestra. Eran líneas continuas, de vivo crúor, las que pusieron a través de todas las calles de su tránsito. Algunos perros se acercaban medrosos, la cola entre las piernas, y la lamían con lengua presurosa. Después de mucho andar llegaron a la casa de la Inquisición más muertos que vivos, con las carnes despedazadas, abiertas como higos maduros; daban gritos, daban alaridos, o ya próximos a partir de esta vida, se quejaban mansamente, con un quejido continuo y suave que llevaba mucha angustia.

De pronto le gente corrió veloz, atropellándose, revuelta tumultuariamente en gran confusión y griterío. Se lanzó hacia la picota, en torno, de la cual se abrió en un gran círculo inquieto para ver a los dos reos que iban a agarrotar en virtud de las sentencias que les echó el juez ordinario al desentenderse ya de su castigo el Santo Oficio y entregarlos al brazo seglar para que les aplicaran la condigna pena por sus acciones.

La utilísima horca y la picota estaban frente al Palacio Virreinal, allí ponían también el garrote, que dicen daba muerte benigna y hasta deliciosa por lo que se sentía. Por esta manera de morir la preferían los relajados en vez de la horrenda hoguera que las achicharraba las carnes entre dolores insoportables. Ese artilugio lo formaba un resistente poste de madera por el que atravesaba un hierro grueso que por un lado tenía un torniquete de infinitas vueltas y por el otro una argolla ancha y fuerte; se abría ésta en dos mitades para ajustarla al cuello del penado y luego que tenía la bien puesta la cerraban y dábanle rápidas vueltas con una manivela al dicho torniquete que al girar iba jalando cada vez más y más el cuello, aplastándolo contra el palo hasta que quedaba ahogada la víctima con la formidable presión que apretábale la garganta y no la dejaba resollar. También tenía el garrote una tablilla saliza que servía de asiento no muy cómodo ciertamente por lo angosta, pero, así y todo, más vale estar mal sentado que de pie, y en él se ponía al reo con los brazos atados por detrás del dicho poste para que no manoteara inútilmente y se estuviera quieto, en descansada postura, para recibir a la muerte.

Así se hizo con estos dos reos aunque en la *Relación de las Exequias de Felipe II*, su autor, Dionisio de Ribera y Flores, asegura que fueron cinco los relajados al brazo seglar. En unos pencos míseros, y puros espelurciados y puros huesos, con mataduras pestilentes que cada una de ellas tenía su respectiva dotación de moscas, se llevaron los cadáveres de estos cinco o de estos dos. Un indio montado en las ancas del jamelgo sostenía el cuerpo fláccido para que no se cayera.

Ya, cerca de donde fue el auto, estaba al pie de recios postes de piedra levantados de propósito, alta pila de leña verde que por devoción acarreó de los montes de los contornos mucha gente devota. Contra esos postes ligaron a los amarillos cadáveres, que tenían enormes ojos abiertos y la lengua de fuera. Unos sayones pusieron fuego a los leños y a poco de aquella pira se levantaron elevadas llamas cuyas puntas perdíanse en el aire, pero surgían otras más elevadas. Crepitaban aquellas enormes fogatas, saltaban hacia todos lados miríadas de chispas brillantes que deshacíanse en el espacio y elevábanse columnas de humo, lentas y negras. Las llamas cubrían a los difuntos, retorcíanse en torno de ellos, ceñíanlos, arropábanlos, subían y bajaban, y en breve los tornaron en pavesas, en cenizas, en nada. Un acre hedor llenaba los ámbitos, era una trágica, pestilencia que inficionábalo todo, de lo que provenía un olor intolerable que atemorizaba la respiración. La mañana estaba radiante, con cielo azul y un sol tibio, bienhechor, que la doraba.

Días después se entregaron en la Cárcel de Corte los condenados a galeras; los recibió el alcaide para despacharlos a su duro destino cuando llegase barco a la Veracruz que los trasladara a España. Allá la autoridad sabría en qué naos los mandaba a que remasen, a apalear sardinas, como decíasele a esa pena en habla chocarrera de germanes. Sus sambenitos quedaron colgados en la Iglesia Mayor, con sus respectivos nombres y culpas, escrito todo ello en una tablilla con letras bien claras y bien gruesas para que fácilmente se pudieran leer y sirviesen de ejemplaridad y los condenados siguieran en perpetua ignominia.

A un tal Juan Sarmiento, a quien se le echó pena de azotes y de galeras por haberse casado siendo ya fraile profeso de epístola de la orden de San Agustín, no se le sacó en el auto de fe por especiales consideraciones tanto para él como para su ilustre instituto, sino que se le puso en manos del superior para que lo mandase a España cuando lo estimase conveniente, a cumplir la pena impuesta. Igual templanza se tuvo con un Bartolomé de Escobar, fraile motilón de San Francisco, porque como si no estuviese en la Iglesia, también se ató bonitamente con las ligaduras y lazos del matrimonio.

Se entregaron a los distintos conventos de la ciudad los condenados a servirlos. Entre éstos estaban ocho ingleses que se "repartieron de dos en dos por las cuatro órdenes y fueron muy encomendados a sus respectivos prelados para que se sirviesen de ellos en los ministerios de sus oficinas, y tuviesen mucha cuenta de la doctrina y sacramentos, aunque ellos resistieran al principio, temiendo mucho meter en sus casas gente que en la leche había mamado su herejía y pareciéndoles que tenerlos aquí era representar la memoria de aquella mala secta, lo cual no convenía que el indio, negro, ni mulato, ni mestizo entendiese ni se acordase que había gente que con el título de cristianos viviese en otra ley diferente a la que les habían enseñado; al fin con buena gracia, les vinieron a recibir, alegando que lo hacían con título de obediencia.

"En estos monasterios cumplirían el tiempo de sus penitencias, y como las vayan cumpliendo, se irían enviando a España, porque, por las razones dichas y otras, no conviene que queden para adelante en la tierra y así ya se mandó a Roldán Escarlat y a Andrés Martín, que van absueltos de la instancia, que por sola la comunicación que con estos ingleses han tenido, salgan luego de la tierra en esta flota, y así lo harán".

Uno de estos ingleses luteranos, llamado Miles Phillips, compuso una curiosa y larga relación de este auto de fe famoso; es exacta en todos sus numerosos detalles y circunstancias, no pasó en silencio nada de esto, pero sí puso trastocadas las fechas. Corre impreso ese fiel relato puesto en español claro y conciso, por el sabio don Joaquín García Icazbalceta.

Los indios no se quedaron atrás. Extraño asombro les causó lo que vieron. Materia de extraordinaria admiración se les dió con esas para ellos raras ceremonias. En sus anales jeroglíficos explican lo sucedido con pictografía curiosa. Todo lo del célebre auto del 28 de febrero de 1574 está bien representado con figuras en el códice llamado *Aubin*.

Éste fué el primer auto público de fe que hubo en la Nueva España.

SANTO DE OTRA FE

Grandes, enormes, espantosos, eran los delitos que se le acumulaban a don Tomás Treviño y Sobremonte. Su casa era una ancha mansión enrejada y soberbia. Los altos muros de la fachada estaban cubiertos de geométrica tracería de adornos, esgrafiados se les llama a esas onduladas urdimbres de argamasa. Puertas y ventanas eran de vieja tracería, con hierros floreados. Esta casa-palacio tenía estancias enormes seguidas de estancias vastísimas, todas lujosamente alhajadas y colgadas con noble decoro. Había en ellas anchas alcatifas turquescas de felpa larga, alfombras de Alcaraz, de las Alpujarras, de Chinchilla, de Letur, rameadas de Cuenca, del lluvioso país de Flandes; grandes cortinones de terciopelos prensados, de anafallas, de damascos rojos y amarillos; bargueños señoriles; fornidos braseros de plata de martillo que más parecían fuentes que braseros; contadores, bufetes de pies torneados y balaustres de hierro ya dorado o pavonado; partestrados de hojas numerosas, biombos de lacas y sedas de colores, biombos Coromandel; fofas almohadas terreras de raso y de tisú bordadas en el haz, con borlas, caireles y fondo de badana; velerillos ya con candelabros de plata, ya con pebeteros o con cajuelas cinceladas, y búcaros de cristal o de Manises, o vasos de Talavera de la Reina o de lapislázuli o de esmeraldina, siempre rebosando flores; sitiales, escabeles y sillones esculpidos y majestuosos de roja vaqueta de Moscovia, con clavos chanflones o bien con gudamecíes dorados o con forros de felpa encuadrada entre galones; arquimesas con pesadas coberturas de brocado, contadores taraceados de nácar y marfil; tibores de la China en los que volaban pájaros fantásticos, azules, amarillos, rosados, entre una fauna de quimera; cornucopias doradas, arañas de bronce de tres bolas, arañas de cristal camas; agüevadas de cuatro cabeceras o de dos, ya esculpidas, ya estofadas como retablos de iglesia, con dosel, goteras, telliza de brocatel y rodapié de encajes y frangín; vastas arcas y alacenas con vajillas de ultramar y con mucha plata labrada; aparadores con bandejas, jarras, fresqueras, bernegales, limetas, salvillas, tembladeras, vasos y jarros de oro o de marfil o de hueso o de estaño con labores exquisitas, primorosas; astilleros con broqueles, partesanas, lanzas, dagas y espadas, algunas de las que llaman negras o de esgrima, varias simples de flexible hoja toledana, otras de las de virtud, dichas así por tener engastadas en su puño reliquias de santos; cocheras en que abundaban sillas de manos incrustadas de nácar y revestidas de tisú, con suaves paisajes de Arcadia en las portezuelas, y con sus dos varas talladas o recubiertas de velludo y carmesí; estufas chapadas de carey; forlones de muelle suspensión en sopandas, forrados de catalufas y damascos; pesados carricoches para camino, cubiertos al exterior de oscuros cordobanes y por dentro de sedas; sillas de rúa, sillas jinetas, estradiotas, vaqueras, todas con plata y terciopelo. Ésta era la magnífica casa del rico don Tomás Treviño y Sobremonte.

Este señor era respetado por su riqueza y por su bondad. Tenía unas largas barbas fluviales por las que corrían constantemente sus dedos de viejo marfil y tenía unos ojos grises, de suave, apacible mirar, y en consonancia con ellos, una palabra lenta, clemente, dulcificada de ternuras. Pero grandes, enormes y espantosos eran los delitos que se le acumulaban a don Tomás Treviño y Sobremonte.

La Santa Inquisición contra la herética pravedad y apostasía, lo tuvo en sus cárceles secretas cuando llegó a México poderoso de Guadalajara, en donde tenía abierta tienda. Se le acusó de que en una de las dos únicas puertas que había en ella, enterró un Crucifijo y a los que pasaban por allí, pisando sin saber sobre la santa imagen del Señor, les daba más barato lo que compraban, que a los que entraban por la otra puerta.

Se le acusó también de que a un Santo Niño labrado en madera, que tenía oculto en su casa, le daba por las noches espantosos azotes con unas fuertes disciplinas de canelones, y como unos vecinos escuchaban a diario un llanto continuo y angustioso de niño, fueron a dar, al fin, con don Tomás que golpeaba con enconado furor a la grácil escultura que era la que lloraba, pero él no oía jamás los llantos. Esos piadosos vecinos, y muchísimos más, vieron que tenía ese Niño Jesús todo el fino cuerpecillo cruzado de rojas y largas cicatrices y que las heridas que le acababan de abrir los recientes azotes, estaban manando sangre, una sangre olorosa.

Después de largos meses en las cárceles, se le reconcilió a don Tomás en el auto particular de la fe que hubo en Santo Domingo, en junio de 1625. Se casó a poco con doña María Gómez, y con hábiles negocios empezó a allegar grandes riquezas. Acaudaló tesoros y se rodeó de refinadas magnificencias. Pero una envidia suspicaz lo vigilaba, tenía puestos en él constantemente los ojos. Fueron a la Inquisición las denuncias anónimas y las denuncias juradas.

Se le volvió a aprehender; se le secuestraron todos sus bienes. Grandes, espantosos, enormes, eran los delitos que se le acumulaban al buen don Tomás Treviño y Sobremonte: Que degollaba con cuchillo las gallinas destinadas al lujoso servicio de su mesa, y que antes de degollarlas se volvía hacia el Oriente para decir, por tres veces, unas oraciones incomprensibles; que al acabar de comer se lavaba las manos tres veces seguidas con agua fría, haciendo cada vez una genuflexión distinta, viniendo a ser aquel lavado casi una ceremonia litúrgica, y que en una ocasión dijo que se lavaba así para purificarse; que al saludarle los buenos días o las buenas noches, en lugar de decir: "Alabado sea el Santísimo Sacramento", como un cristiano viejo, respondía: "Beso las manos a su merced", inclinándose mucho, con la punta de los dedos puesta en la frente; que no probaba lo gordo de las carnes.

Contaban que cuando se casó todo el mundo vió con asombro, que a la hora de la comida se echó en la cabeza un paño blanco, principiando a comer no por la sopa, sino por un plato de buñuelos con de abejas, justificando esta rareza con falsos versículos de la *Escritura* que, dijo, mandaban eso que él hacía; que ese día sentó su mesa a muchos judíos reconocidos por tales, y que para celebrar la boda se hicieron en secreto complicados ritos judaicos.

Afirmaban los que bien lo conocían, que ayunaba con frecuencia, alegando dolores de cabeza o desgano de comer; que se hizo circuncidar y que él mismo circuncidó a su hijo; que no probaba gallina que hubiera degollado una mujer; que únicamente se ponía camisa limpia todos los viernes; que se lavaba los brazos sólo de las manos a los codos; que no iba jamás a misa ni se confesaba, ni siquiera por Pascua Florida, como lo manda la Santa Madre Iglesia; que se le veía muchas veces en un rincón recitando sus pecados al modo judío; que maldecía a menudo de los benéficos señores inquisidores y que narraba de ellos cosas terribles y feas; que echaba espantosos baldones a los católicos reyes que fundaron el Santo Tribunal de la Fe; que contaba horrores que decía haber visto y oído en las cárceles del Santo Oficio; que se reunía con protervos judaizantes para aleccionarlos de cómo habrían de contestar cuando fueran apresados por los inquisidores, pues que él, afirmaba, se libró de sus garras sangrientas por las hábiles negativas que les dió hasta convencerlos, engañándolos.

Por todas estas cosas tremendas, abominables, fué aprehendido, y dijo que si querían llevarlo al tormento, que lo llevaran, pero que él era judío como judíos eran sus padres y judía su mujer, y que durante toda su vida había acatado la ley de Moisés, vieja de siglos, en la que firmemente deseaba morir, y que jamás abjuraría de ella para cambiar de fe. En su calabozo se le miraba siempre de rodillas, su larga barba apostólica estaba a toda hora temblando por oraciones que, en voz baja, movían constantemente sus labios; se le tenía que obligar por la fuerza a que comiera, porque días y más días duraban sus rigurosos y tenaces ayunos. Todos le veían absorto con una cara de iluminado, sumergido en misterioso transporte, como si estuviese oyendo del otro lado de la vida cosas gratas.

En la prisión se le acendró su dulzura, su cordialidad afectuosa; era más apacible y más suave y se expresaba por parábolas. Los carceleros casi lo miraban con piedad. A todas horas tenía su espíritu elevado en contemplaciones inefables de santo. Cuando se le notició que estaba condenado a muerte como relapso, pues ya en el autillo de Santo Domingo había sido reconciliado, sonrió con un gozo apacible como si le ofrecieran un bien ansiado, la santa liberación de la muerte que esperan los mártires para recibir la gracia del premio.

Le vistieron el sambenito con rojos pintarrajos y en la cabeza la alta coroza, le pusieron mordaza y todo lo aceptaba con mansedumbre, sonriendo con risueña indulgencia; sólo se negó a que le metieran entre las manos atadas la cruz verde de los relajados. Ya en el tablado oyó impasible, puesto de pie entre los otros condenados, la aburrida y larga lectura de su causa. Sus ojos seguían por el cielo la belleza de algo invisible. Ya en poder del brazo seglar se le echó a lomos de una mula que apenas lo sintió encima empezó a reparar; se le puso en seguida en otra que también corcoveaba mucho, y de esa mula lo montaron en un caballejo flaco, cojitranco y con mataduras. Lo ponían a la vergüenza para quitarle la vida con más afrenta. La gente decía, entre oraciones y jaculatorias, que hasta los animales se negaban a conducir a aquel maldito perro judío, a quien Dios iba a tener siempre en el infierno.

Un indio llevaba del diestro al renqueante y escuálido caballejo y el aborigen exhortaba a don Tomás a que creyera en Dios Padre, en Dios Hijo y en Dios Espíritu Santo, y sus palabras de dulzona súplica las acompañaba dándole al pobre caballero espantosos puñetazos, ya en la cara o en el torso, con los que casi lo derribaba de la triste cabalgadura. No había nadie entre el enorme gentío que se aglomeraba en las calles, que le tuviera a don Tomás una poca de piedad o, si por acaso se la tenían, la sofocaban en lo más oscuro de su alma, pues con muy graves censuras estaba prohibida la compasión para los condenados por el Santo Tribunal de la Fe.

Salían gritos de entre el apiñado gentío, otros bajaban ardientes de las ventanas y azoteas, incitándolo a que se arrepintiera de sus culpas, pero don Tomás Treviño no miraba a nadie, no oía nada, iba absorto en sus dulces visiones interiores; iba como sin ideas ni designios por la tarde azul, llena de ardoroso vocerío. En su rostro, de delgado marfil, untaba sus luces doradas el Poniente y las embebía en los bermellones del sambenito y de la coroza. Don Tomás caminaba transfigurado, con una enajenación silenciosa, confortado por sus esperanzas de fe. El premio sigue al filo de la muerte.

Todo aquel gentío que asistía al auto de fe para ganar miles de indulgencias preciosas, no miraba a los otros reos, sino sólo veía a don Tomás Treviño y Sobremonte, y se contaban las gentes, unas a las otras, sus ritos y ceremonias de judío contumaz. Por fin llegaron con él al quemadero. Un fraile dominico se le acercó a decirle que abjurara de sus nefandas creencias y le mostró la cruz que estaba en medio del quemadero, don Tomás hizo un violento ademán de abominación y luego volvió a poner suave paz en su rostro. Lo llevaron al poste en que iba a dejar la vida.

Don Tomás estaba impasible, sin ningún gesto desesperado, era todo mansedumbre y serenidad dulce. Sin temblar metió él mismo las manos en la argolla puesta detrás del poste fatídico; sonriendo se dejó atar, sonriendo con apacible delicadeza, bondadosamente. A sus pies, para el suplicio, se encontraban sus muebles despedazados. Las maderas rajadas, de ébano, de sándalo, de roble, de cedro, de nogal, de alcanfor, de rosa, de palisandro, de granadillo; maderas resecas de muchos años, empezaron a levantar sus inquietas llamas amarillentas y fugaces.

Al fijarse de pronto don Tomás en los preciosos muebles de su casa, destrozados todos, hechos leña para quemarlo, se le llenaron los ojos de una vaga pena y se acercó con los pies, para que ardieran pronto, algunas tablas distantes en las que todavía brillaban pedazos del nácar y del marfil de las preciosas taraceas o tenían aún hierros y bronces cincelados, don Tomás, muriéndose porque no se moría, dijo con imperiosa voz de mando:

—¡Señores verdugos, echen más leña, más, que mi dinero me cuesta!

Las llamas subieron inquietas y largas, arrebataron de súbito el sambenito; la barba augusta y profética ardió con llama acelerada. Crepitó con violencia toda la fogata encumbrando penachos de chispas. Una gran columna de humo envolvió al desventurado judío, perdiéndose las violentas lenguas de fuego en el aire ya turbio del atardecer. Rugía imponente la santa hoguera de la fe. Por encima de las vivas llamaradas estaba una llamita pequeña, azulada, saltarina, prendida en la punta de la coroza.

La multitud se santiguaba; tenía un santo gozo interior por haber ganado buenas, magníficas indulgencias. De los árboles de la Alameda venía benigna una olorosa frescura. Las estrellas empezaban a saltar trémulas en el cielo.

LOS CARBAJALES

Hay vidas de las que no sale nunca la malaventura. Unas generaciones a las otras se van pasando como en herencia fatal la desgracia; todos sus pasos ella se los sigue inexorable, sin descanso. A los Carbajal, hombres y mujeres, jamás se les separó el sino funesto. Unos tras de otros iban a las cámaras de la Inquisición. Todas aquellas inmóviles penas se las iluminaba la suavidad de los ojos serenos y se las hacía llevaderas la fe fuerte a la que se abrazaban y ellos, para todos, tenían una afable, una mansa cordialidad. Pero para los Carbajales nadie tenía indulgencia ni conmiseración, nadie, todos, encendidos en su contra, les hicieron amarga la vida. Vidas atormentadas y sin descanso, que jamás tuvieron una luz de misericordia, ni en las que nunca cayó la piedad.

Pobres vidas las de los Carbajales. Rabia y furor insaciables había siempre tras de ellas. Unos tormentos alcanzaban a otros tormentos. No reposaba ni tampoco mitigaba la Inquisición su encono contra los desdichados Carbajales, ni aun con los muertos de la familia. Los hombres, buenos, trabajadores, honrados, con inalterable concordia; las mujeres, muy de sus casas, abnegadas, con sencillez cordial, poniendo en todo una suave y delicada dulzura, el encanto fino de sus sonrisas. Hombres y mujeres con admirable virtud de temple antiguo. En todas sus adversidades lloraban para dentro de sí mismos para no aumentarse unos a otros su mutuo dolor, pero este dolor se les hacía luz en sus almas desnudas. Sus firmes creencias mosaicas les confortaban las horas, extendían por ellas la sedancia de sus bálsamos.

Por 1583 desembarcó en Tampico don Luis Carbajal; el rey don Felipe el II lo había nombrado gobernador del Nuevo Reino de León. Con don Luis vino a buscar bienes de fortuna su cuñado don Francisco Rodríguez de Matos. Trajo don Luis a su mujer, muy gallarda señora, doña Francisca, con sus siete hijos: Isabel, ya viuda, Catalina, Leonor, Baltasar, Luis, Miguel y Ana. También tenían en México un hijo, don Gaspar, que era fraile conventual en Santo Domingo. Al año de vivir en la cálida provincia del Pánuco casó Catalina con Antonio Díaz de Cáceres y Leonor se unió a Jorge Almeida en matrimonio legítimo. Mercaderes eran estos dos señores con abundantes y buenos negocios que les doblaban y les tresdoblaban la ganancia. Ellos hasta de lo perdido hacían dinero. Con este Almeida y con este Díaz de Cáceres, vino toda la familia a radicarse a México. Don Luis se quedó gobernando su vasta provincia, siempre con tino y orden. Pusieron casa y sus días pasaban tranquilos, sosegados, sin que nada entrase en ellos a turbar la grata dulzura de su paz. El amor y la bondad presidían esas existencias sencillas, todas tendidas hacia el bien.

¿Quién denunció a doña Isabel como observante de la ley de Moisés? Se alteró la serenidad de aquel hogar, dió en él su primer paso la desgracia, luego lo ocupó toda entera, como única e implacable señora, sin dejar ni un solo hueco pequeño para la felicidad, que se fué lejos, asustada, temerosa, ya para siempre jamás. Aprehendieron a doña Isabel Carbajal los negros alguaciles, la llevaron al Santo Tribunal de la Fe. Tras de sí dejó angustiosa ansiedad llena de lágrimas doña Isabel.

Después de su prisión vino el inevitable secuestro de bienes y con la prisión también vino el inevitable tormento y este tormento de doña Isabel llevó a las sombrías, pavorosas cárceles, a todos los de su familia. ¿Cómo iba a resistir el largo suplicio del potro aquella débil y frágil mujer, tan sensitiva? El tormento llamado *in caput alienum* era para que se denunciara lo que de otros se sabía. "Si el reo estuviere negativo de sí y de otros cómplices

—se lee en la *Compilación de Instrucciones del Oficio de la Santa Inquisición*— dado caso de que haya de ser relajado, podrá ser puesto a cuestión de tormento, *in caput alienum*, y en caso de que el tal venza el tormento, pues no se le da para que confiese sus propias culpas, sino que..."

Con brusquedad despojaron de todas sus ropas a doña Isabel y padeció la confusión de la desnudez. Grácil escultura de marfil. Los ojos se les encandilaban a los señores inquisidores viéndola, le untaban largas miradas en la carne sonrosada, tibia, fragante y dura. A pesar de su austeridad les corrían por los cuerpos ondas y ondas de escalofríos. Ordenaron que la ataran al terrible potro. ¿Para qué los garfios, para qué el tormento del agua y los azotes con sogas emplomadas, de las que se decía que al enredarse al vientre vertían las entrañas por el suelo? ¿Para qué todo esto? Con el potro había.

Con una sola vuelta de los cordeles que le restiraban los brazos y los pies con mucha fuerza, dijo ser fiel observante de la ley de Moisés. Sonrieron los inquisidores con gozo feliz. Dos vueltas más a los tiesos cordeles embreados y daba largos, espantosos gritos que le nacían en el fondo del pecho, pidiendo misericordia la infeliz doña Isabel. El seno se le alzaba y se le deprimía jadeando, todas sus coyunturas crujían, sudor y lágrimas corríanle en raudales por la cara pálida, desencajada. Todavía otra vuelta más. Rechinaron las cuerdas tirantes; sonó el descoyuntamiento de los huesos. Se le arrancaba a doña Isabel el alma de dolor; toda su carne se hallaba trémula, no había en su cuerpo ni un solo músculo en reposo. Sus clamores hubiesen roto una piedra.

Al tormento le agregaron a doña Isabel implacables amenazas los señores inquisidores, por fin denunció en tono de amargura y de quejido a todos los de su familia y con ellos a otras muchísimas personas más, pues no se le daba el tormento para que confesara sus propias culpas. Sus Señorías sonreían de nuevo, con grata y feliz complacencia; tenían un indecible gusto; por los ojos les reventaban rayos de alegría. Doña Isabel entró en un desmayo, descolorida, exangüe.

Vinieron en el acto las aprehensiones de los numerosos delatados y éstos, a su vez, desfalleciendo entre las angustias del tormento, ponían un torbellino de cargos en otras personas. Presos y más presos entraban cada día en la húmeda oscuridad de las mazmorras inquisitoriales. Pero la que más padeció, la que sintió congoja más grande y amarguras enormes, fue doña Francisca, la madre de los Carbajal. Se hartaba en tormentos y descansaba en tormentos. Se procuró en ella horrificar y encruelecer más sutilmente el suplicio, casi con él la hicieron rendir la vida.

Con los brazos y las piernas retorcidas en el potro, hinchado de modo monstruoso el vientre por tanta agua como la hicieron tragar, y sobre todo, con el alma despedazada, de un desmayo salía para entrar en otro desmayo más largo, hasta que al fin, como la carne es flaca aunque el espíritu sea fuerte, tuvo, obligada por el dolor, que en toda su horrible intensidad le entró en el cuerpo, tuvo que confesar entre un río de lágrimas, en contra de sus propios hijos y en contra de su marido.

Se le curó con minuciosidad escrupulosa, le pusieron vendas, le untaron bálsamos y ceratos, le dieron medicinas confortativas, electuarios, licores, para que sanara pronto no por misericordiosa piedad, sino por si fuese necesario llevarla de nuevo al tormento, pudiera ya resistirlo con buena salud. Doña Francisca no se cansaba de llorar, sus ojos eran dos inagotables fuentes de lágrimas, más por los dolores que tenía en el alma, que por los horribles que no se le salían del cuerpo, ni por un solo instante. Ratificó sus declaraciones ante "honestas personas" sin dejar su acongojado llanto. Quería la pobre señora apagar con agua de ojos el fuego de su angustia.

Pero ninguno de sus hijos ni su marido tampoco, fueron atormentados, confesaron todo lo que sabían. Con esto, algo se le salió del pecho la púa dolorosa a doña Francisca. Y hasta uno de ellos, Luis, mozo gallardo, afable, sencillo, pidió papel para presentar ante el Santo Tribunal las oraciones que para los rigurosos días de ayuno mandados por su venerada ley mosaica había compuesto junto con su hermano Baltasar, doncel también, cordial y bienportado, y entre las plegarias rebosantes de fe ardiente que puso en las hojas que le dieron, trasladó este soneto:

Pequé, Señor, mas no porque he pecado
de tu clamor y clemencia me despido;
temo, según mi culpa, ser punido,
y espero en tu bondad ser perdonado.

Recélome, según me has aguardado,
ser por mi ingratitud aborrecido,
porque hace mi pecado más crecido
el ser tan digno Tú de ser amado.

¿Si no fuera por ti, de mí qué fuera?
Y a mí ¿de mí sin ti, quién me librara
si tu mano la gracia no me diera?

Y a no ser yo, mi Dios, ¿quién no te amara?
Y a no ser tú, Señor, ¿quién me sufriera?
Y a ti sin ti, mi Dios, ¿quién me llevara?

* * *

Duraron más de dos años presos en sus sombríos calabozos los Carbajales. La luz les entraba por el enrejado ventanillo que tenían las macizas puertas. Al fin se acabó de sustanciar su proceso y se les remataron sus causas y *Christi Nomini Invocato*, se declaró a cada quien, en sentencia particular, herejes, apóstatas, judaizantes,

91

dogmatistas, fautores y encubridores de heresiarcas y "haberse pasado y convertido a la ley maldita de Moisés creyendo salvarse con ella y por haber caído e incurrido en sentencia de excomunión mayor y en todas las penas e inhabilidades en que caen e incurren los herejes que debajo del título y nombres de cristianos hacen y cometen semejantes delitos".

Pero por haber dado todos ellos diz que señales evidentes de contrición y de arrepentimiento verdadero y estando dispuestos a abjurar de sus errores y como Dios no quiere la muerte del pecador, sino que se convierta y viva —así lo ponía en lengua latina en su lema la Santa Inquisición— y como todos ellos deseaban entrar de puro corazón y con fe no fingida en la religión católica y queriendo, además, los inquisidores usar de piedad y de misericordia —¡ay, eran tan clementes, tan buenos, estos señores!—, se les admitía a reconciliación y se les condenaba a que oyeran, en el lugar en donde tuviera que leérseles, la dicha sentencia, vestidos con hábito penitencial de paño amarillo con las aspas rojas de San Andrés.

Además de esta inmisericorde ignominia, tendrían vela de cera en las manos y en ese mismo lugar abjuraran públicamente de sus errores y pecados, con lo que quedarían ya reincorporados al gremio y unión de la Madre Santa Iglesia Católica, restituyéndoseles a la participación de los santos sacramentos y comunión de los fieles católicos cristianos. Deberían estar perpetuamente encarcelados, y mientras les durase la vida no se quitarían el denigrante hábito de San Andrés, declarándoseles, asimismo, inhábiles para traer encima de sí oro, plata, perlas, sedas, ni tener jamás ningunos honores que por las leyes y pragmáticas reales les son prohibidos.

El auto público de la fe fué en el interior de la Catedral en un elevado cadalso revestido todo de negro, el 24 del mes de febrero del año de gracia de 1590. Después de haber hecho la abjuración según la vieja fórmula, ante el numeroso y ávido gentío que llenaba las naves, se les conminó muy en secreto, como era de rigor que se hiciera, con nuevas penas si revelaban lo que habían oído hablar en las cárceles del Santo Oficio, lo que allí habían visto y oído y lo que les pasó a ellos durante la sustanciación de sus respectivos procesos. De todo esto deberían guardar el más profundo secreto si no querían caer en nuevos y más rigurosos castigos.

A doña Francisca con sus cuatro hijas, se le señaló para que viviera en una casa aislada y pequeña frente al colegio de Santiago Tlatelolco, a don Luis, el gobernador del Nuevo Reino de León, se le desterró perpetuamente de estas Indias, y don Luis, el mozo, fue a dar al hospital de locos de San Hipólito, y a su hermano don Baltasar que andaba huido, sin que jamás se le llegara a encontrar, se ordenó que fuera sacado en efigie, la que se quemaría con los relajados que se entregaran al brazo seglar, y a sus hijos y nietos se les condenó, aun sin haber nacido, a no tener ningunas dignidades, beneficios ni oficios eclesiásticos ni seglares, ni otros oficios públicos o de honra, ni andar nunca a caballo, ni en coche, ni traer en sus personas sedas, paño fino, camelote, ni corales, ni piedras preciosas, ni oro, ni plata, ni usar armas ningunas.

En el apartado aislamiento en que fueron confinadas las Carbajales, estaban, llenas de sosiego, abrazadas a su tristeza, mansa y callada. En aquel su escondido vivir no había alegrías, ¿que alegrías había de haber allí? Se acomodaban con resignación apacible en las incomodidades; añoraban su vida holgada de antes, tan llena de contentos, pero más extrañábanse los unos a los otros y todos extrañaban enormemente al padre que penaba lejos. Era un echar de menos infinito. Un velo de tristeza les anublaba perennemente los ojos; les angustiaba el corazón tenaz melancolía.

A solas cada quien lloraba de pena, muy en silencio, por los otros y por sí mismo. Se les partía el alma de sentimiento. Calladamente volvieron, como tenía que ser, a sus antiguas creencias para buscar consuelos. Ellas les endulzaron lo agrio de su padecer e hicieron que cantaran los lloros y así su tribulación se les volvió gloria. Un gozo apacible, suave, se tendió por sus vidas atormentadas; las estremeció y las llenó de paz un dulce encanto. Cuando llega la hora negra de las vicisitudes, todos nos abandonan, nos huyen, sólo Él nos acoge con sus brazos siempre amorosos y nos sostiene el alma que se nos desmaya. Dulce dueño, siempre acudes puntual, exacto, a la cita que te da nuestro dolor.

Pero el espionaje estaba alerta acechando, se asomaba constantemente por los resquicios la curiosidad más malévola y de nuevo la denuncia corrió veloz al Santo Oficio. Volvieron las aprehensiones, volvió el horror cruento de los tormentos sin fin; el potro, el agua, el torno, brazos y piernas se retorcieron, se restiraron; entre largos gritos de dolor inmenso se atirantaban músculos hasta desgarrarlos; huesos que se aplastaron; reos que introdujeron en las estrechas celdas de los Carbajales para provocar, con maña siniestra, las confidencias. De nuevo los inquisidores se metieron en las conciencias, poniendo insoportables dolores en los cuerpos. Aparecieron otra vez infinidad de personas complicadas, los miembros de una misma familia declaraban contra los otros, compelidos a ello por los largos martirios. Testificaciones se acumulaban sobre testificaciones.

Doña Francisca estaba casi enloquecida de dolor. El corazón lo tenía sepultado en desesperada tristeza.

A todos los tenía rendidos la desventura. El cuerpo de don Luis de Carbajal estaba todo despedazado por las tremendas y largas torturas a que fue sometido. Y más, mucho más, lo atormentaron hasta casi hacerlo trizas, porque un carcelero lo acusó de que una noche lo había oído cantar un romance en el que decía cosas feas del señor San Pedro.

Don Luis por todos sus hermanos tuvo un vigilante y amoroso mirar. Desde su celda les enviaba huesos de ahuacate que ocultaba bien entre frutas y en los que les escribía tiernas palabras de consuelo para tranquilizarles las horas y ensancharles el corazón. "Paciencia como Job", les recomendaba en uno de ellos; en otro, les escribió: "Yo la tengo, gloria a Dios, y con grillos estoy por mi Dios". Otra vez les puso: "Almas de mi corazón, visíteos A. N. S.", iniciales que querían decir Adonay, Nuestro Señor. En otra ocasión le mandó a una de sus hermanas: "Albricias, que los ángeles y santos de Adonay en el Paraíso nos esperan, mártires mías, benditas de Adonay. Yo pensé ir solo, bendita mía; envíame señas de si estás sola o no, acuérdese Adonay de la madre santa, y a ti y a ella tengo en el corazón". Con esto les aligeraba don Luis las aflicciones a las tristes, serenábales aquel cielo oscurecido.

Alma llena de fe envidiable era la de don Luis de Carbajal, iluminada y visionaria. Afirmaba don Luis que veía a menudo a Salomón, quien lentamente le vertía en la boca un licor suavísimo, delicioso electuario, para darle paciencia y fortaleza, y que un ángel enviado por Dios mismo le daba una lumbre clara para que entendiese la *Santa Escritura* y le fortaleciera las miserables fuerzas. Dolor, confortado por las creencias, no es tan gran dolor.

Pero el perspicaz carcelero descubrió todos esos huesos y tiempo le faltó para llevarlos corriendo, desde el primero hasta el último, a los inquisidores, que le ordenaron que los entregara a la madre y hermanas de don Luis para seguir ellos enterándose de sus pensamientos y aun le mandaron que dejase, así como al descuido, tintero, pluma y papel bastante en los calabozos de todos los Carbajales para que siguiesen escribiéndose ya con más amplitud, sacando así sus intenciones, y que también llevase sin demora alguna esa correspondencia a quien fuera dirigida, pero que antes se las mostrase a ellos, pena de excomunión si no lo hiciere así, para examinarla de las cosas contrarias a nuestras santas y puras creencias.

En uno de los numerosos papeles el desventurado don Luis, quien junto con su madre y hermanas cayó cándidamente en el engaño que le tendieron los sutiles inquisidores, escribió esto: "Ángel mío, albricias, que mejor viaje es el del Paraíso que el de Castilla; bienaventurado el pan que comiste, y el agua que bebiste y la tierra que pisaste, y el vientre en que anduvimos, que de aquí a poco hemos de ir a profesar la religión sacra de los ángeles y santos y a ver la tierra suya de Adonay.

"Oh, qué ricos jardines, músicas y fiestas nos esperan; lindos torneos se han de hacer en el cielo cuando Adonay nos corone por nuestra firme fe; nadie desmaye, que su vida con ayuda que Adonay mi Señor nos dé, la cuesta de esta cárcel es la gloria. ¡Quién pudiera contaros todo lo que el Señor me ha mostrado! Mas con su ayuda presto nos veremos; tres semanas estuve en un calabozo y ya me sacó Adonay, mi buen Señor, y me puso en donde veo el cielo, día y noche; una Biblia, con milagro, tuve ocho días aquí; benditas de Adonay, por acordarme de vos, de mí me olvido".

★ ★ ★

Sabía bien don Luis que iba a morir en la hoguera, que estaba rodeado de mil traiciones y de mil perfidias y sabiéndolo bien acudía constante y amoroso a su religión, no salía de ella; cautivaba su entendimiento con su fe; no titubeaba jamás ni vacilaba en la creencia de sus santos misterios. Así sus penas eran como más fáciles y llevaderas, aplacamiento bienhechor le entraba blandamente en el alma, sedativo y suave. Iban y venían las cartas con palabras deliciosas, llenas de amorosa ternura, en que se confortaban enjugándose mutuamente las lágrimas, ayudándose a sentir, a llevar sus dolores y hasta ponían emocionados recuerdos de cuando su feliz mocedad y así se llenaban los espíritus de alegría y de consuelos para que lo amargo les pareciese dulce cosa, grata al saboreo del alma.

Numerosos testigos fueron los atormentados porque vinieron a resultar cómplices de los Carbajales en lo del judaísmo y de todos el más atormentado, fue un tal Manuel Díaz, que desafió al dolor y venció el tormento; no dijo nada, a pesar de la constante y sanguinaria crueldad de los inquisidores que le desencajaron los huesos, desgarráronle largamente las carnes, le echaron en el estómago jarros y más jarros de agua helada y todo lo resistió con increíble fortaleza, encerrándose en negativas o en obstinado silencio. No dijo el secreto que le importaba callar. No así la infeliz de su mujer y sus cinco hijos pequeños que casi murieron nada más de verse en la penumbrosa cámara del tormento y ante los instrumentos pavorosos de hierro con que lo ejecutaban.

Doña Mariana perdió la razón por todo lo que vió y sufrió en las cárceles, pero los tremendos jueces esperaron con ejemplar paciencia que estuviese de vuelta de su locura para llevarla ya en su entero juicio a quemar en la hoguera entre cuyas llamas se le extinguió la vida a la desgraciada mujer. Don Luis, para poner fin a la larga, interminable serie de sus grandes desdichas, un día que lo llevaban a declarar a la gran sala de audiencias, se desprendió con rapidez de sus custodios y se arrojó al patio desde el piso alto y tuvo la mala ventura de que no le pasara nada. No le vino la muerte envuelta en ese lance. Otro, con más suerte que él, se hubiese estrellado en las losas sin que le quedara ni un solo hueso completo. Por aquel nefando intento de suicidio se le abrió otro nuevo proceso sin que faltase, por supuesto, el tormento para investigar los móviles, las cosas ocultas que lo llevaron a esa determinación.

No meses, sino largos años, estuvieron los desdichados Carbajales entre la humedad de sus tétricos calabozos. Vino al fin la sentencia por herejes y judaizantes, apóstatas de nuestra santa fe católica, fautores y encubridores de herejes, flictos y simuladores confitentes, dogmatistas pertinaces, relapsos impenitentes, y por otra larga retahíla de cosas terribles, además de ésta que no era nada corta, se les condenó a perecer en las llamas purificadoras de una hoguera.

Llegó también el día del auto de fe, día tremendo. El alma volaría ya libre al celestial refugio del Paraíso de que hablaban las leyes de Moisés, iría ya al tranquilo puerto de descanso después de tan fieras tormentas. Allí no tendrían carga que los oprimiera, ni peso que los inquiete. Entregaríanse al regalo y delicias. Todos los Carbajal tenían temor y miedo, pero entre este miedo y este temor, les saltaba una recóndita alegría. Se pasaban las noches en la dulce quietud de las contemplaciones, presentándose en la oración delante de Adonay.

Vinieron las ceremoniosas invitaciones de los inquisidores para el señor Virrey y para todas las autoridades; vino la publicación solemne del auto entre trompetas y atabales, y los terciopelos y rasos de los alguaciles, que a pesar de sus brillos joyantes tenían mucho de siniestro; salió la inquietante y tétrica procesión de la Cruz Verde a la luz de las antorchas y con la gravedad calmosa de los salmos penitenciales cantados por los frailes dominicos, todos encapuchados; los rezos llorosos durante toda la noche ante la Cruz amortajada con su tupido velo negro, rezos que entraban en las almas y las sobrecogían de espanto hablando sólo de infierno, de penas eternas, de condenación, y tan sólo parece que suavizaban sus horrores cuando mentaban el purgatorio.

Al otro día, el suntuoso, espléndido desfile de caballeros, sedas multicolores, brocados, tisúes, plumas, joyas, veneras, jaeces lucientes; los inquisidores revestidos con su gran atavío en mulas frisonas engualdrapadas de terciopelos negros y morados con sobrepuestos rojos; la alta acémila cargando el imponente montón de causas cubiertas por un repostero recamado y encima la pesada escribanía de plata y las varillas de oro para el juramento en masa; la larga procesión de los reos con sus ropas de infamia, túnicas de colores con diablos y culebras pintados de amarillo y encarnado; en las cabezas, altas y puntiagudas corozas y velas verdes en las manos y los frailes exhortándolos con crucifijos.

Atrás de los penados, las tiesas y groseras estatuas hechas de paja y estameña de los reos que andaban fugitivos o que ya habían muerto y más atrás la caja con sus pobres huesos, también con espantosas insignias de maldición; el largo desfile de las órdenes religiosas, en la boca de cada fraile iba un rezo lloroso; el cabildo de canónigos, pacíficos y lentos, viendo con tranquila indiferencia ya para una acera ya para la otra; el cabildo de Ciudad, vestidos todos los regidores con sus más brillantes galas y preseas; los sones, largos, lentos, solemnes, de todas las campanas de la ciudad tañendo su doble funeral; el enorme gentío, curioso y consternado, llenando las calles, todo de negro; compactos racimos de damas y de caballeros en los balcones cubiertos con paramentos de luto; los amplios tablados, también de negro, en la Plaza Mayor; el Virrey bajo dosel de púrpura rodeado de su cortejo de señores elegantes, exquisitos, sonriendo siempre con discreción; el Arzobispo con actitud unciosa, ponía alegre nota de color con sus morados andularios y en el pecho su cruz episcopal echaba mil fulgores.

La media naranja de abominación y de infamia, pletórica de sentenciados, a los que iban a clavarse las maldiciones ardientes de toda la muchedumbre. Con graves censuras estaba prohibido que se les tuviera compasión a estos infelices, pero sí se ganaban grandes, preciosas indulgencias, viéndolos quemar, asistiendo al terrible auto de fe. La misa, los largos sermones escalofriantes, nada más la entonación con que decían los frailes aquellas cosas terribles consternaba; el atronador juramento de toda la multitud y que se oía, según fama, hasta bien lejos de la ciudad; la lectura tediosa, enervante, de las numerosas causas; las sentencias; la entrega al brazo seglar de los tristes relajados, los breves fallos del Corregidor; la conducción de estos relajados en míseros caballejos hasta el descampado quemadero de San Diego; el enorme vocerío; los numerosos postes del suplicio, y en cada uno de ellos ya un hombre, ya una mujer, frente a la alta cruz de madera pintada de blanco; las llamas que se alzan alegres, vivaces, entre infinitos chisporroteos, y se encumbran y se retuercen trágicas crepitando por la leña verde que las mantiene; los cuerpos que se contorsionan entre el fuego. Luego el olor acre de la carne achicharrada.

Entre las horribles hogueras Luis y Miguel de Carbajal y Catalina y Leonor y Ana e Isabel y doña Francisca, la pobre madre anciana. Se cambiaban todos amor intenso en sus miradas tristes, se sostenían con ellas, se alentaban. "¡Adonay, Adonay, estamos prontos. ¿Dónde estás, Adonay? ¡Ya vamos a ti! Ir de vuelo para el cielo en los brazos de tus ángeles, felices porque nos vas a recoger, Señor, y a darnos nuestra deseada corona!"

Seguían enviándose largas miradas, llenas de luz y de esperanza. Con ellas se acariciaban con efusión, con amor, y con ellas se decían entrañables cosas. Las llamas envolvieron siniestras a los Carbajales, chirriaban las hornazas al caer en ellas las entrañas, como si vertieran pellas de sebo. Trágico hedor se esparcía por toda la tarde. Las caras de la muchedumbre que se agolpaba en torno del quemadero, estaban untadas del rojo movible de las hogueras santas.

En la Plaza Mayor se hizo la abjuración de otros reos y después de esto los festivos disparos de los mosquetes de los soldados, el cristalino canto de la absolución, aleluya gozoso entonado por numerosos cantantes y por la capilla de la Catedral, el amplio repique a vuelo de todas las campanas de la ciudad, todo esto era el regocijo de la Santa Madre Iglesia porque aquellas almas que habían abjurado de sus horribles errores las volvía a recibir en su seno ya limpias y puras como cuando vinieron al mundo. Las gentes aglomeraban oraciones y jaculatorias. Y luego se tendió un gran silencio por toda la ciudad y la noche llegó benigna, olorosa, espolvoreada de estrellas.

DON GUILLÉN

En la casa llamada del Conde, casa vieja de tezontle, fornida, penumbrosa, torva, con alto portón lleno de herrajes; con ventanas bajas, más largas que anchas, entrecruzadas de rejas, tupidas rejas carcelarias; con un balcón de hierro de Vizcaya corrido a lo largo de la ruda fachada; con gruesos canalones labrados, sostenidos por angelotes que se sientan en esculpidas ménsulas, y con un gran escudo que ponía en el silencio de la calle la gloria muda de sus símbolos heráldicos que tan sólo se afanaba en descifrar el sol por estar siempre constante sobre él.

En esta casa llena de penumbras, con pasillos largos, con vastas estancias casi desmanteladas que tenían escalerillas para entrar o salir de ellas, vivía solitario el viejo capitán don Felipe Méndez Ortiz, vestido perennemente de negro, siempre callado y triste, leyendo ya antiguos libros de los que se apelmazaban en una apolillada estantería o ya rezando su rosario, o estábase inmóvil, en un sillón de cuero al lado de una ventana de carcomido montante. Se le iban sus pensamientos a tiempos mejores de su vida, llena de mujeres hermosas, de risas, de músicas y de vino, de ruido de espadas, cuando en tierras de Flandes sirvió a Su Majestad. Con los recuerdos se remozaba el alma.

Lleno de mansedumbre y de paz deslizaba su vida solitaria el capitán don Felipe Méndez Ortiz, pero un día lo sacó de su pausa monótona su vecino don Guillén de Lampart. A menudo iba a visitarlo este extraño don Guillén, y le hablaba de sus estudios de filosofía, de sus estudios matemáticos y de retórica, en el

101

Colegio de Niños Nobles de Santiago de Galicia y en el de San Lorenzo el Real en donde fue distinguido Colegial Mayor; le contaba de sus largos viajes por tierra y por mar; que cayó cautivo entre fieros piratas holandeses y le refería su vida en esos bergantines, los feroces abordajes que vió, los incendios y atropellados saqueos a poblaciones porteñas que estaban en fácil descuido, del dolor que dejaban siempre tras de sí los bucaneros, de cómo abandonó al fin la vida alegre y bárbara de la piratería, pagando su redención los buenos frailes trinitarios, con lo que entró al servicio de Su Majestad hasta que el duque de Escalona lo trajo entre los de su comitiva a la Nueva España.

Pero aquel atardecer don Guillén no refirió al apacible don Felipe Méndez Ortiz cosas de Francia, ni de la Inglaterra, ni de los brumosos Países Bajos, ni de la vida ancha y alegre de Italia, ni relató sus lances de aventuras en los bajeles corsarios, recorriendo los caminos del mundo, y en cuyas pláticas don Felipe alargaba sus añoranzas y ponía suspiros por el buen tiempo que se fué. Aquel atardecer le contó don Guillén cosas terribles y extraordinarias que le rompieron el manso sosiego de su espíritu, quitándole la dulzura de su paz, antes tan grata, tan suave, en las penumbras de su viejo caserón lleno de silencio, de paz y de olores pretéritos.

Le narró que era hijo del rey don Felipe III; que su padre, el barón de Guesfordia y señor de Balerit, en Irlanda, fué, recién casado con su madre, la condesa de la Roza, a Madrid en donde había quedado viuda, que en una casa de comedias la conoció el rey y que ella, desde luego, le ganó el corazón y la voluntad al monarca, dejándolo hechizado de su amor cuya llama le cegó los ojos y como a ella también se le iba el alma por él, la pasión ciega le abrió la puerta de su casa y sucedió lo que tenía que suceder y para cubrir su honra la envió el rey don Felipe a Irlanda donde él nació, siendo, por lo tanto, hermano del rey-poeta Felipe IV quien, por cartas y billetes, supo bien de estos grandes amores de su padre.

Que ya estando en el trono le mandó buscar para ponerlo en el Colegio Mayor de San Lorenzo el Real, donde debería abrazar la carrera eclesiástica, pero que como no le tiraba la Iglesia ni mucho ni poco, dejó los estudios canónicos y tras de pasar una larga temporada en la corte metido en su alegre y elegante bullicio, le quitó el amor de una comedianta a su regio hermano, quien le obligó, furioso, a que se marchara a Roma, a donde fué a besar las manos del Pontífice y que con los dineros que le enviaba el conde-duque de Olivares, estuvo siempre con lujo y esplendor por muchas partes del mundo, hasta ser cautivo de aquellos desalmados piratas holandeses que lo hicieron cabo de sus bajeles en los que anduvo embarcado varios años hasta que fué redimido por los caritativos trinitarios.

Que conoció por entonces a don Felipe Pacheco, duque de Escalona, el cual pidió, o más bien compró muy bien pagado, el puesto de virrey de la Nueva España, y le propuso traerlo con buen empleo a estas regiones, pero que como murió ese poderoso señor, acaso envenenado, su hermano, don Diego López Pacheco, heredó el rico virreinato, dando, además, un buen porqué de dinero y que entonces el Rey le mandó que lo trajera entre los hombres de su cortejo y que en él vino muy bien aposentado gozando del afecto del Duque, pero que ya aquí no sólo le quitó toda su estimación, sino que le negó todo favor y ayuda y hasta hubo alguien que lo quiso matar, pagado, lo supo bien y con pruebas bastantes, por orden del artero conde-duque de Olivares, para satisfacer una venganza.

Pero que a su hermano Felipe IV —añadió don Guillén con exaltación— le iba a quitar ya la Nueva España, haciéndose él rey de estas tierras. Que el conde de Salvatierra estaba para llegar a Veracruz y con cédulas falsas en las que la habilidad de un indio imitó a la perfección las firmas del Rey y de Olivares, así como las de varios consejeros de Indias, depondría fácilmente del gobierno al de Salvatierra por traidor y desleal al real servicio de Su Majestad y se fingía en esos papeles reales que Felipe IV

103

lo titulaba marqués de Cropali, entregábale en gobernación este reino, ordenando a la Audiencia y Tribunales en otras provisiones, falsas también, que lo acataran y que dándole poder y ayuda lo admitiesen como virrey, lo que, igualmente, hacía aparecer que se le mandaba en cordiales cartas privadas de Su Majestad, no sólo a ellos sino al prior de San Francisco y a otros encumbrados personajes de la ciudad.

Que si de buen grado no lo querían aceptar y obedecer como su señor, ya tenía listos quinientos hombres bien pertrechados para deponer al conde de Salvatierra, y que ya estando en poder del gobierno daría en el acto un solemne bando, el cual leyó con énfasis al pasmado capitán Méndez Ortiz, por el que se declaraban libres los esclavos de la Nueva España, haciendo, además, a los indios capaces para todos los oficios honrosos; quitaba todos los tributos y pechos y ponía en libertad a los presos por la Inquisición; que él luego se iba a coronar como rey de México con toda solemnidad y pompa, e inmediatamente abriría el comercio con Francia, Inglaterra, Holanda y Portugal, entonces terminantemente prohibido por las leyes del reino, para que ya pudieran venir a estas esquilmadas tierras americanas las buenas, excelentes cosas, que había en esas naciones y que aquí eran desconocidas por la tiranía de Felipe IV, quien conforme a derecho era injusto detentador de la Nueva España, pues no le pertenecía, ni el Pontífice le dió la investidura porque no tenía potestad temporal para entregar lo ajeno, lo único que hacía, y que hacía bien el Papa era el excomulgarlo cada año y hasta don Guillén recitó en latín a Méndez Ortiz parte de unas tremendas encíclicas en que se condenaba a Felipe IV.

También mostró al acongojado Capitán copias de numerosas cartas que le había escrito al duque de Braganza a quien, afirmaba, ayudó con abundantes arbitrios y noticias para que se levantara en Portugal, pues sin eso no lo hubiera logrado nunca, "por ser tan gran simple y no tener capacidad para ello", y leyó, además, las largas capitulaciones, dieciocho o veinte pliegos, que tenía hechos para otros soberanos para aliarse con los reinos a sus mandos; vió el pacato Méndez Ortiz, temblando todo, largas cartas latinas al Papa en las que le pedía don Guillén de Lampart que proveyese en lo eclesiástico y que amparara su causa, ofreciéndole rentas cuantiosas y en otra carta extensa le pedía alianza al rey de Francia quejándose amargamente de su hermano don Felipe IV por una serie de imperdonables agravios que le había hecho y también se llenaba de mil sentimientos y quejas contra el Conde-duque y de ambos hablaba espantosos horrores, con desatada libertad.

También mostró don Guillén al capitán Méndez Ortiz, varias capitulaciones con otros reyes enemigos de la Corona de Castilla y una larga exposición a Felipe IV acusando de infiel y traidor al marqués de Villena y le contaba muchas ignominias en contra de la honra del buen Marqués, con cuya lectura se quedó abismado el apacible Capitán y le dijo a don Guillén que obrando así él era el que iba a ser traidor y aleve a Su Majestad al alzarse con la tierra, pero en el acto le replicó don Guillén con muchos argumentos en los que fundaba que él bien podía ser rey de la Nueva España, porque nadie tenía derecho de serlo sino el que los naturales quisieran. El Capitán tuvo ímpetus de empuñar la daga y matar en el acto a don Guillén, pues era don Felipe Méndez Ortiz un vasallo fiel, pero lo detuvo en su noble intento el seguir enterándose de los pérfidos designios de aquel hombre extraño.

★ ★ ★

Se fué don Guillén ya muy de noche del tenebroso caserón del Conde y el capitán don Felipe Méndez Ortiz se quedó muy desasosegado, no pudo cenar los huevos escalfados, las doradas empanadillas de carne y el manjar blanco que le prepararon las manos sabias de su ama de llaves, sino que se marchó a referir todo aquello a su amigo y vecino don Francisco de Sandoval, caballero del hábito de Santiago, quien, a su vez, le dijo que ya sabía bien que don Guillén de Lampart quería coronarse rey de México, pues en Puebla se contaba eso desde hacía tiempo y que, además, a un esclavo suyo le comunicó otro esclavo de don Fernando Carrillo, escribano que era del Ayuntamiento, que un sacerdote le aconsejaba a menudo a su amo que echase de su casa y compañía al tal don Guillén, por no tener cariz de hombre bueno.

Después de esto fué el capitán Méndez Ortiz junto con el santiaguista, a narrar puntualmente a un fraile agustino todo lo que ambos sabían y además le dijeron que no ignoraban que don Guillén de Lampart cometía varios delitos contra la fe, como era el uso del peyote que le proporcionaba un indio, y cuando lo tomaba decía que veía al mismo demonio en persona, con el que tenía íntimos tratos; que don Guillén levantaba figura y consultaba constantemente con un astrólogo, quien le daba el rendido tratamiento de Excelencia y aun el de Majestad y que le mostró varias veces enredados horóscopos en los que había cosas borradas que dijo había quitado del papel por ser dañables y diabólicas, pero que él sabía con toda exactitud que habían de gobernar la Nueva España, sucesivamente por sus virreyes, "un sombrero" que sería el marqués de Villena, luego "un bonete" significando al obispo Palafox y en seguida "una corona" con lo que se aludía a sí mismo. Que todo lo que hacía, afirmaba, era cosa guiada por Dios para que consiguiera su intento, pues Él le había inspirado que falsificase las cédulas, despachos y cartas reales para que quedara como único rey soberano de México.

Tanto el santiaguista como el asustado don Felipe comunicaron después todo este vasto plan al oidor don Andrés Gómez de Mora, quien ordenó que debieran de aplazar su denuncia hasta que llegara el marqués de Salvatierra a hacerse cargo del gobierno y que siguiesen entreteniendo con sus amistades a don

Guillén para continuar enterándose de todos sus nefandos planes y malos propósitos.

Pero don Felipe no comía ni dormía, estaba viviendo en una perenne inquietud, sin calma ni paz, lejos de su vida ordenada y tranquila, de su antiguo y benéfico sosiego en que leía sus buenos libros, rezaba sus oraciones y echaba a volar sus pensamientos a las delicias de sus años de mocedad, en la serena calma de su casa, pero volvió a ver al oidor y al fraile de San Agustín y por lo del maldito peyote acordaron estos graves señores que don Felipe llevara su denuncia a la Inquisición para que así quedase en el secreto del Santo Tribunal aquel punible delito de infidencia que sería peligroso que conociera el pueblo.

Fué al Santo Oficio el capitán don Felipe Méndez Ortiz, e hizo su denuncia jurada y en el acto, por la gravedad del caso, se reunieron los inquisidores para deliberar en aquel negocio y todos estuvieron acordes que los delitos de don Guillén de Lampart pertenecían al fuero común, pero el Fiscal propuso y probó *ad majorem* que caía bajo el dominio de la Inquisición por haber levantado figura, tratado con astrólogos y quiromantes y haber cometido diversos delitos contra la fe al valerse del prohibido peyote y de la astrología judiciaria para saber sucesos futuros dependientes del libre albedrío a sólo Dios reservados, y por haber usado de remedios para la curación de algunas enfermedades supersticiosas y en que necesariamente intervenía pacto explícito o, por lo menos, implícito, con el demonio, consultando asimismo a astrólogos y brujos dañables y haciendo de por sí juicios de algunos nacimientos en orden de levantarse con estos reinos conspirando contra el Rey.

Salió más que en volandas la temible calesita verde, poniendo pavor y escalofríos en todos los que la veían, con sus respectivos familiares mandados por el Alguacil Mayor y el Escribano del Secreto y aprehendieron a don Guillén de Lampart. Se le hizo inmediato secuestro de sus numerosos papeles que llenaban un cofre michoacano, un cestón de cuero y una petaquilla vieja de chocolate muy llevada y traída. Se entregó el reo al alcaide de las cárceles secretas, quien lo llevó esposado a las casas de Picazo, calle de la Encarnación, frente a la iglesia de este convento de monjas, y que tenían por entonces en alquiler Sus Señorías los inquisidores para usarlas como prisión porque sus cárceles de la calle de la Perpetua estaban atestadas de reos lusitanos, presos todos ellos por creerse que se iban a levantar contra el reino secundando al duque de Braganza que se había alzado con Portugal y que, se decía, estaba de acuerdo con el virrey duque de Escalona para independer de la metrópoli a la Nueva España.

Declararon luego numerosos testigos y entre otros un hermano de don Guillén, fraile profeso en la religión franciscana en el convento de Guadalupe de Propaganda Fide de Zacatecas y dijo que su hermano fué desde muy criatura de natural inquieto, levantisco, audaz apreciador de sus acciones, mal inclinado en todo, de poca verdad e intentador de cosas; que vivió en Madrid amancebado con una mujer, doña Ana Godoy, con la que jamás quiso casarse, y que se pasaba los días enteros en la casa de un matemático viejo y loco que tenía esferas, anteojos, globos, astrolabios y otros muchos y complicados instrumentos; que el apellido de su hermano era Lampart.

Declaró otro fraile y manifestó que don Guillén era poeta y enamorado, lo que contribuía a exaltarle más el bullente calor de su imaginación, nunca tranquila. Declaró don Sebastián Alfonso Carrillo casi lo mismo que denunció el timorato capitán Méndez Ortiz, asegurando que don Guillén le tenía dicho en muchas ocasiones que para hacerse invisible bastaba tener en la boca la pedrezuela que es tan pequeña como la cabeza de un alfiler y que se halla en el cráneo de los cuervos recién nacidos, pero que era más eficaz aún degollar de un solo tajo a un gato negro y después sacarle los ojos y se le ponía en cada una de las órbitas vacías un garbanzo y otro entre los sesos, que después se enterraba la cabeza regándola todas las madrugadas con agua bendita en la que se deshojaran amapolas y que del fruto que dieran las plantas que naciesen, se pondría un grano debajo de la lengua y que eso sólo bastaba para hacerse invisible.

Declaró el noble caballero don Francisco Corral y expuso en substancia lo de la denuncia, agregando que un día lo convidó a cenar don Guillén con otros señores y que cuando estaban a la mesa les dió de un aguardiente abrasador con cuatro clases de magníficos sabores y les dijo que lo había hecho llegar en sólo una noche de Irlanda, así como los manjares que iban a saborear le vinieron también directamente de la Verde Erín, comunicándose con esa remota región de ultramar con las letras góticas que tenía grabadas en una salvilla sobredorada que les mostró, llena toda ella de extrañas y complicadas labores, y que de allá le escribían, aseguró, solamente en pulidas hojas de plata.

Otro testigo presentó unas cartas llenas de caracteres rarísimos, en que don Guillén pronosticaba lo que iba a suceder un año después y que le había mostrado espejos de singular artificio, estuches, redomas, llenas unas de un humo azulado con cambiantes, y otras con líquidos de diversos colores y entre éstas una de cuello complicado con una agua que olía a todos los olores.

Numerosas personas testificaron y cada una de ellas añadía un cargo nuevo tocante a la nigromancia, a la sortería, a las cerradas artes divinatorias "non cumplideras de saber". Por fin declaró el indio ladino Ignacio Fernando Pérez a quien le daba don Guillén muy a menudo el abominable peyote en una agua verde, contenida en un tecomate que tenía grabados porción de signos de la cábala, anagramas, trasposiciones y combinaciones de letras hebraicas y de las palabras de la Sagrada Escritura; después de hacer al aborigen que se tragara ese menjurje de horrible sabor, pasara la noche en vela, interrogándolo constantemente sobre lo que miraba, que si había muerto "una mujercilla o una hijuela que de ella tenía" y que dejó abandonada en España, si vendría nuevo virrey o flota y que cuándo tocarían puerto y que él le respondía a todo esto lo que consideraba más oportuno para satisfacerlo; que un día le mandó que consiguiese pronto trescientos indios flecheros para que ayudaran a los quinientos hombres que tenía generosamente pagados y con buenos pertrechos y ocultos por ahí y que sólo él sabía en dónde, listos para la conjura.

Declaró también don Guillén en la primera audiencia de moniciones. Dijo que su nombre era Guillermo de Lombardo Guzmán, pero que se ponía Lampart porque a eso en buen latín equivalía su apellido paterno y que el Guzmán habíalo adoptado para honrar con él al Conde-duque a quien le debía muchas y señaladas mercedes; dijo su edad, su genealogía, dijo que era cristiano viejo por sus cuatro lados y rezó en latín diversas oraciones y dijo que confesaba y comulgaba y oía misa los domingos y días de guardar y que jamás dejó de cumplir, de mayor a menor, todos los mandamientos de la Santa Iglesia. Habló de sus estudios; de sus tiempos de pirata; de unos tenaces luteranos que volvió a la fe de Cristo y al buen servicio del soberano español y contó de doscientos cincuenta herejes ingleses que condujo con hábiles artimañas a la Santa Inquisición de Galicia, en donde les sirvió de intérprete.

Que por estos señalados servicios, así como por las cualidades y grandes méritos de sus antepasados, lo mandó llamar a la corte Su Majestad el Rey Felipe IV y ante su real presencia lo llevó el Conde-duque en la chapada carroza del Patriarca de las Indias y que don Felipe lo recibió con gran afecto y que hasta le echó un brazo por el cuello, mandándole al fin de su plática, toda cordial y delicada, que viera al prior de San Lorenzo el Real con el cual se apersonó a los pocos días y le manifestó que el rey, su señor, ya le tenía ordenado que lo admitiese en el colegio a oír las ciencias que allí se enseñaban, y que estuvo cuatro años aprendiéndolas con esmerada aplicación y que durante ese tiempo escribió muchos panegíricos y disertaciones muy celebradas de los doctos, y obtuvo beca de oposición no sólo en ese Real Colegio, sino en la misma universidad de Salamanca después de "pasmosos actos".

Afirmó después don Guillén que el rey Felipe lo envió a Flandes a servir al Infante-cardenal y que en los Países Bajos se halló en muchas batallas y hasta fué herido en un combate naval; que tornó a Madrid en busca de justas recompensas y se le dieron dos hábitos de órdenes militares, dos mil cuatrocientos reales en vellón por ayuda de costas y, además, cuatro patentes en blanco con el fin de que nombrara los oficiales que quisiera para que mandasen en el cuerpo de doscientos hombres que había ofrecido levantar por su cuenta, pero que nada de esto aceptó por ser poca, insignificante paga, por lo mucho que había hecho, pero que después por lo bien que sirvió en la embajada secreta que llevó a España su primo el barón don Gilberto Fulgencio, de parte del rey de Irlanda, le dió Felipe IV nombramiento de Maestre de Campo, más cincuenta patentes en blanco de capitanes y oficiales libres de media anata, más ocho hábitos de órdenes militares, y como unos cuarenta y cuatro mil ducados en plata situados en Londres con objeto de que levantara para su real servicio dos mil cuatrocientos irlandeses, que por dignidad aceptó únicamente un hábito, una encomienda y el título de Maestre de Campo y que todo lo demás lo dió con gusto a su primo el Embajador y que al fin pasó a la Nueva España a pretender oficios con los que los señores virreyes lo recompensaron, pues que eran muchos y grandes sus servicios prestados a la Corona.

★ ★ ★

Un año largo, lento, duró en la cárcel don Guillén de Lampart. Su causa marchaba despaciosamente, con dormidos pasos, sin acabarse nunca. Declaraba, volvía a declarar, y de nuevo lo llamaban a ampliar lo que tenía ya muchas veces dicho. Venía en seguida la inacabable recorrección de registros o sea la investigación secreta de lo que habían declarado los testigos.

El Fiscal presentó al fin su extensa y compleja acusación con setenta y un capítulos de cargo y don Guillén se defendió de cada uno de ellos con gran destreza de dialéctico, citaba, sin turbarse, largos textos latinos, leyes innumerables, rebatía con claros silogismos y rechazaba con altanera dignidad acusaciones. Depuso el miedo y entró con osadía en su defensa.

Vino la publicación de testigos, veintinueve fueron los que depusieron en su contra, y a todas las inculpaciones que le hicieron las rebatió con buenas razones, con argumentos fáciles y claros que luego sutilizó más y apoyó en textos de juristas y de santos padres en la defensa que presentó en ocho pliegos de papel y quince fojas y media de apretada escritura que los inquisidores, horrorizados, pasaron a la inmediata censura de unos sabios y santos padres jesuitas, alegando que esos papeles contenían "puntos tocantes a la magia y astrología y muchas citas de la Sagrada Escritura, de santos y de otros autores sagrados y profanos, con una protestación de su fe, en que podría haber algunas proposiciones dignas de censura o citas falsamente traídas y alegadas".

Pero durante este año de cárcel don Guillén de Lampart no estuvo sosegado. ¿Cómo iba a estarlo si su carácter siempre lo tenía en constante inquietud de fiebre? Traía don Guillén de Lampart en perpetua revolución a los presos. Los instruía de cómo se habían de defender en sus causas, les escribía razonados alegatos e inventó un ingenioso sistema de golpes dados en las paredes para entenderse con ellos desde sus mutuos encierros; les ponía sobrenombres chistosos y se los ponía también, con mucha gracia, a los inquisidores a quienes en conjunto llamaba los Gavilanes "porque son aves de rapiña que no atendían más que a quitar las haciendas" y a cada cual lo tenía señalado con un apodo especial "indigno de referirse".

Escribía a todas horas sin cesar y si no se le daba ni tinta ni papel, reemplazaba éste con pedazos de su ropa interior y la tinta la hacía con lo que ahumaba su vela en un plato mezclando esa tizne con agua o bien escribía con zumo de naranja o de limón, valiéndose de palillos puntiagudos para reemplazar las plumas que le negaban. Sufrió rigurosos castigos porque se desmandaba en decir palabras y ser mal obediente. No quería tener el juicio sometido a la voluntad ajena y sin importarle en lo más mínimo, continuaba armando constantes alborotos entre los presos, turbando el sosiego de aquellas hoscas prisiones que jamás le enfrenaron la libertad de su lengua. No dejaba a ninguna hora de improperar a los inquisidores.

Cuatro años inacabables estuvieron los inquisidores sin dar una sola plumada en su causa, parecían tenerla olvidada. Don Guillén empezó a encanecer, rucia —sal y pimienta—, estaba ya su barba y su cabeza. También empezaba a desesperarse el pobre don Guillén. Su abogado no pudo continuar en su defensa por viejo y achacoso.

Pidió papel don Guillén, se lo dieron y escribió veinte terribles pliegos a un solo volteo de pluma. Le hicieron nuevos tremendos cargos porque insistía con los presos en quejarse de que los inquisidores hacían mil injusticias con él, nunca oídas de Nerones ni de Dioclecianos, y también porque les aseguró que cuando saliera de las cárceles inquisitoriales se iba a alzar con el reino, ayudado por los numerosos negros de los obrajes y de las minas y por los mulatos y mestizos. Se hizo publicación de testigos imputándole supersticiones y prácticas nefandas y de nuevo dió formidables respuestas llenas de leyes y de latines de canonistas y de súmulas, negando que fuera astrólogo judiciario y que tuviera firmado pacto con el diablo, buen compadre de Sus Señorías los inquisidores.

★ ★ ★

Iba a celebrar la Santa Inquisición un importante auto de fe, pues ya tenía buen acopio de pelagianos, de husistas, de viuclephistas, de judaizantes, de luteranos, de calvinistas, de los rebeldes y relapsos más contumaces y de reos de otros delitos de los que unos serían relajados y otros penitenciados después de abjurar de *vehementi* o *de levi*, pero para darle más solemne pompa quisieron Sus Señorías sacar a don Guillén de Lampart y como ya estaba concluida su causa lo condenaron. *Christi nomine invocato*, a que saliera de penitente y abjurase de *vehementi* y que se le dieran doscientos buenos azotes y se pasara diez años remando en las galeras del rey.

Pero tras larga discusión acordaron al fin los tremendos señores de la Inquisición que más bien que un reo vulgar y acusado de hechicerías era el tal don Guillén de Lampart un astuto conspirador y que, por lo mismo, se enviara en consulta una copia de todos sus papeles y de su causa al Inquisidor General de España para que los señores de la Suprema proveyeran lo más conveniente y mientras que con despaciosa lentitud se sacaban las copias de aquellos formidables mamotretos, ordenaron que don Guillén ya no saliera de su negro calabozo.

Lo pusieron junto con un pobre hombre, de oficio herrador, llamado Diego Pinto, y don Guillén en un dos por tres se lo atrajo fácilmente a su voluntad, con mucha cautela, y lo convenció, sin dejarle respuesta, de que ambos deberían fugarse. Se dió hábil maña para convertir una alcayata oxidada, una bisagra y dos hierros de un baulillo viejo, en útiles herramientas que les servirían para su evasión. Planeando ésta se estuvo varios días silencioso y cuando ya la tuvo bien combinada, hizo penitencia también varios días y ni un instante dejaba de rezar, lleno de fervor. Fortalecía su espíritu con la continua oración.

Escribió unos formidables pasquines y libelos contra los inquisidores y varios pliegos para el virrey, conde de Alba de Liste; pidió al alcaide que de los ahorros de sus salarios le comprase ruán, rengue, puntas, hilo, medias de seda, espejos y algunas ropas de vestir. Durmió con buen sueño toda una tarde y a las ocho de la noche, al toque de ánimas, encomendándose a Dios y a Santa María, se puso a la obra. Tenía tarea de labor.

Quitó la reja de la ventana, rompió los barrotes de madera, exteriores, y salió con Diego Pinto a un patiecillo húmedo, cortó el pedazo de red del portón, arrancó la cerradura de otra puerta que creía daba a una calleja y fué por ahí a parar al jardín de la casa de uno de los inquisidores, arrimó al muro una viga en la que había hecho muescas y por ella trepó, rápido, ansioso, y con la cuerda que hizo de tiras torcidas de sus sábanas, la anudó a una almena, se descolgó y salió a la calle, cargó los líos de ropa con su compañero y arrimándose con cautela a los muros en sombra casi se desmayó del gozo que le entró de verse libre. Miraba inquieto de un lado a otro con un mirar risueño, aclarado de alegría. Le pareció que las estrellas brillaban de otro modo diverso a como él las miraba por entre las rejas de su calabozo, frío y estrecho. Entró en la cárcel el 26 de octubre de 1643, salió el 25 de diciembre de 1650, siete espantosos años que rebosaron dolor.

Corriendo llegó don Guillén a la Catedral y en la puerta principal fijó con gran prisa y diligencia, dos de los carteles injuriosos y difamatorios contra los señores inquisidores; puso otro con igual rapidez, en Palacio, en la esquina de Providencia; otro, lo pegó en la cruz de Talabarteros que estaba en la plaza del Empedradillo, o Placeta del Marqués; otro, en la calle de Tacuba y el postrero en la Pila Seca, pero antes de poner en estas calles los dos últimos papelones, había entrado en la Real Casa, con reposo, con muy tranquilo sosiego, y haciéndose pasar por un urgente correo de La Habana.

Entregó los pliegos que había escrito para el virrey, Excelentísimo Señor don Luis Enríquez de Guzmán, conde de Alba de Liste, a un alabardero de los de la guardia, diciéndole que los llevara en el acto a Su Excelencia y le pidiera las albricias, pues eran buenas cosas las que se comunicaban en esos documentos que tenía orden de poner en sus mismas manos tan luego como él llegase a México, y hasta que vió el temerario don Guillén que el alabardero llamaba a las puertas de la alcoba del Virrey, se salió de Palacio muy sosegado, con la misma quietud con que entró en él, y se fue a fijar sus pasquines y luego que puso el último, en la Pila Seca, se marchó a todo correr, volaba como en posta, para no encontrarse con los de la ronda, por el barrio de Santa María la Redonda. El rayo es paso de tortuga en comparación de como iba él.

Como era muy de mañana se alborotaron unos indios de verlo en tan desaforada carrera y creyéndolo un ladrón lo detuvieron y su compañero Diego Pinto se pasó de largo, él los sosegó diciéndoles con la dulce afabilidad que acostumbraba, que era hombre de paz y que para un urgente negocio de mucha importancia, tenía necesidad de ir a cierta casa —la que ya tenía prevenida para refugiarse—, los indios, convencidos, lo soltaron y aún le indicaron en dónde quedaba esa casa que buscaba con tantísima urgencia.

Llamó en ella con grandes y apresurados golpes y el dueño abrió la puerta, pensando que era otra persona la que así tocaba, de modo tan violento, y don Guillén se entró precipitado, asesando de fatiga, quiso echarlo fuera, pero con amables palabras lo calmó, persuadiéndolo con diestra habilidad de que debería acogerlo. Todo ese día estuvo allí oculto y pidió papel para escribir al Visitador General del Reino, y redactó un largo y especioso memorial, pero el huésped, temeroso de que le sobreviniera daño, reconoció que no le convenía tener metido en su casa a aquel hombre y por la noche, con mil precauciones, haciendo rodeos, lo llevó a la de un su compadre, sita en la calle de los Donceles.

A las primeras horas de la mañana descubrió la fuga el azorado carcelero. La noticia corrió rápida por todas las cárceles secretas, llegó al momento a los inquisidores y salió veloz por la ciudad, a conmoverla, a interrumpirle su durmiente y venturoso sosiego. Se reunieron los inquisidores a deliberar. Se llenaron de furiosa indignación al ver los pasquines que puso don Guillén en Catedral, y en los que sacaba a luz sus infamias, sus crueldades, sus prevaricaciones. Temblando se los había llevado a entregar un buen sacerdote, alma piadosa y tímida, que los arrancó de las puertas, pero por lo mismo que el clérigo era piadoso y tímido y además muy comedido, los quitó, por no interrumpir hasta que los acabaron de leer todas las numerosas gentes que se agolpaban frente a ellos, queriendo saber las infamias, delitos y atrocidades que allí se contaban muy pormenorizadamente de los temidos señores, para ya enteradas poder defenderlos si alguno era osado de calumniarlos con esos embustes. Grande era la ira que tenían en el pecho los inquisidores.

Redactaron los sombríos ministros de la fe un tremendo edicto conminatorio para que se leyese a la hora de las misas en todas las iglesias de la ciudad, ordenando que los que tuvieran noticias de los dos fugitivos los denunciaran en el acto, pues, de lo contrario, serían incursos en excomunión mayor *ipso facto incurrenda, una pro trina canónica monitione premissa*, además, se le impondría al callado ocultador una multa de dos mil ducados y cuatrocientos azotes y diez años de galeras. ¡Poca cosa!

Fueron muy agitados Sus Señorías a ver al virrey de Alba de Liste para pedirle ayuda y brazo fuerte como tan católico príncipe que era, para la pronta busca de los prófugos y lograr, cuanto antes, su captura. El Virrey les contó de los pliegos injuriosos para todos ellos que don Guillén tuvo la audacia de llevar él mismo a Palacio y hacer que se los entregasen, cosa de las tres de la madrugada, introduciéndose con increíble desenfado hasta las mismas puertas de su alcoba en la que estaba durmiendo a buen reposo.

Alarmadísimos los inquisidores pidieron esos papeles a Su Excelencia temiendo que supiera las graves cosas que les decía el astuto y deslenguado don Guillén, pero el Virrey, muy comedido, les prometió dárselos al acabar de leerlos, pues eran tan largos, dieciocho fojas, nada menos, con letra muy pequeñina y apretada, pero Sus Señorías los deseaban al momento, el conde de Alba de Liste volvió a manifestarles muy atento, que después se los enviaría porque estaba propuesto a enterarse de esos pliegos; suplicaron de nuevo los inquisidores y de nuevo el Virrey, sonriente, afable, se los negó.

Pero sí, pasados algunos días, los envió a la Inquisición y el rey le mandó más tarde una agria reprimenda, muy justificada, por haber entregado ese importante documento, ya que los inquisidores no podían enviarle censuras. ¿Felipe IV se interesaba por don Guillén de Lampart? ¿Era don Guillén realmente su hermano? ¿O se alzó su real enojo contra Alba de Liste para sólo mantener el debido respeto a sus regalías y que no atropellase nadie a su persona en la de su Virrey?

Los demás pasquines que fijó don Guillén de Lampart, los llevaron al Santo Oficio, unos tras otros, varias personas llenas de temor, ciscadas de miedo, pero en toda la ciudad se supo, pormenorizadamente todo lo que decían esos papeles; de boca en boca, en voz baja, con cuchicheo temeroso, y en lo más oculto de las casas, se repetía su contenido: que habían encarcelado los inquisidores a más de sesenta familias portuguesas para sólo apoderarse de sus bienes con perjuicio grave del comercio y de la industria a que se dedicaban sus dueños; minuciosamente se referían todas sus falsedades, lazos, engaños, cohechos, crueldades, inducciones y herejías que urdían sin cesar para hacer prevaricar hasta a "los mismos escogidos de Dios", obligándolos a renegar de su fe con los feroces padecimientos a que los sujetaban; que levantaban a muchos el falso testimonio de ser judíos, moros y herejes o los hacían morir, "mártires gloriosos", para sólo apropiarse de sus bienes; contaban los martirios espantosos que daban; referían a quiénes habían dejado que murieran de hambre, sin permitirles siquiera que se confesaran para que no descubriesen en la confesión "las traiciones heréticas a que los inducían" y que daban tormento para que el atormentado levantase calumnias a otra persona, obligando así a declarar a los maridos contra sus mujeres, a éstas contra aquéllos, a los hijos contra los padres y viceversa y hasta contra el mismo Dios "si estuviera en carne humana en la tierra".

Y como todo esto era la verdad exacta y rigurosa, los temibles señores del Santo Oficio no querían que se supiese y a los que les llevaban los pasquines les ordenaban, entre amenazas, que mientras vivieran no debían de hablar jamás de esos papeles asquerosos y embusteros en los que se ofendía a la divina majestad de Dios y a la Santa Iglesia, su esposa.

Al pobre hombre que tenía oculto a don Guillén el miedo le arrebató el ánimo, pues oyó en la Catedral la lectura del tremendo edicto conminatorio y de allí se fué sudoroso, lleno de espanto, a denunciarlo y en el acto salieron a aprehender al buscado reo varios familiares. Al verlos junto a sí dijo don Guillén:

—¡Ya sé en lo que va a terminar esto, ¡voto a Dios!, en relajarme, pero no iré solo!

Lo amordazaron estrechamente llevándoselo con toda rapidez al pavoroso edificio "de la esquina chata". Al pacato denunciante que lo vió marchar a segura muerte, se le asentó en el alma un dulce sosiego.

★ ★ ★

Había a toda hora mucha gente curiosa frente a las ferradas puertas de la Inquisición esperando ver la llegada del fugitivo, pues se tenía la seguridad absoluta, de que iba a ser capturado de un momento a otro y al entrar con él la abominable calesa verde, se le echaron encima con santa indignación, muchos hombres, inflamados de furor, queriendo despedazar al "perro hereje judío". Gran trabajo costó a los alguaciles custodios y a los que después vinieron en su ayuda, sosegar la rabia de aquella muchedumbre exaltada. Ya con él en el Santo Tribunal le pusieron esposas y todavía, para mayor seguridad, lo metieron en un apretado cepo y luego un fornido carcelero se soltó de la cintura un corbacho del que nunca se separaba y le dió cincuenta vergajazos, con los que le arrancó de la espalda largas túrdigas.

Claro está que por escrito lo obligaron a que se retractara de todo lo que puso en los pasquines y el altivo inquisidor don Juan Sáenz de Mañosca, echando llamas de furor, lo echó al suelo de un formidable empellón para hacer en él demostración de su enojo, y le puso un pie en el cuello y se irguió con los brazos cruzados diciendo solemnemente las palabras del salmo: *Super aspidem et basiliscum ambulado et leonem conculcabo et draconem*, e hizo constar en la causa que don Guillén le había pedido con reiterada insistencia que hiciera eso para que lo humillase por sus enormes culpas y que él no pudo resistir en complacerlo en cosa tan meritoria.

No se le concedió jamás audiencia al desgraciado reo, pues en ellas no hacía más que insultar de modo formidable a los inquisidores, les multiplicaba injurias y oprobios, hablándoles de sus infamias. Ya ni papel le daban para que no escribiera aquellas terribles verdades que constantemente les sacaba a luz. En pedazos de sus sábanas compuso todo un libro de versos latinos que constaba de novecientos dieciocho salmos. Lo tradujo un jesuita y a pesar de la letra pequeña en que lo puso formó un volumen de doscientos treinta y cuatro folios. *Libro primero del regio salterio de don Guillén de Lombardo o Lampart, rey de la América citerior y emperador de los mexicanos*, se rotulaba esa obra llena de exaltación y de dolor y en la que puso toda la tristeza sin consuelo que extrajo de su vida y en la que, además, sostiene que México debería de ser libre.

La locura empezaba a entrar mansamente en su cerebro. Salía fuera de juicio contando las cosas extrañas que veía y que oía. Horas enteras se las pasaba inmóvil, hincado de rodillas, rezando sin dejar de azotarse con unas recias y tremendas disciplinas que hizo con clavos y que le desgarraban las carnes; días y días dejaba de comer y ya no se mudaba la ropa, andaba casi desnudo; se obstinó en no "querer sacar su limpieza"; en un año sólo permitió que le afeitaran dos veces, cuando antes era tan pulido, amaba los colores vistosos, las blandicias de la seda, los perfumes. Todo gusto se le acabó. Sus rodillas eran dos enormes llagas purulentas, se embadurnaba, por penitencia, con sus propios excrementos y para limpiarlo lo amarraban, golpeándolo.

Pero eso sí, no perdía sus ansias de libertad. Una mañana se le echó encima al alcaide queriendo fugarse. Se trabó entre ellos una gran pelea, descargaban mutuamente su ira con golpes formidables que los ponían en el suelo, pero llegó un fornido cerbero en auxilio del alcaide y a los dos, con ímpetu, hizo frente don Guillén. Sacaron las dagas y le dieron al desventurado una tremenda puñalada con la que lo dejaron moribundo y hasta se confesó creyendo que ya estaba en sus últimos instantes, recibió muy devoto la comunión y luego la extremaunción, pero al poco tiempo, por desgracia suya, volvió a la vida, a resistir los malos tratos, las crueldades constantes, inacabables, de los carceleros y a sufrir las cosas rigurosas que en su contra mandaban los inquisidores. Ya no había ninguna piedad para él.

A cada momento le daban horrendas palizas, le abrían las surcadas mejillas a bofetones; días y días lo tenían atado. Lo raro, verdaderamente extraño, fué que no lo llevaran al tormento a hacerlo pedazos, a quebrarle huesos, a desgarrarle las carnes. Se le apagó el ingenio a don Guillén, a los continuos cargos que le hacían ya contestaba con vaguedad, con arrastrada voz de somnolencia, como si le costase trabajo traer su pensamiento a lo que le preguntaban entre amenazas, lo tenía siempre lejos de sí, siguiendo con él cosas lejanas, deliciosas, llenas de inefable misterio, sólo decía con firmeza que el *Salterio* en el que puso todo el dolor y la amargura que extrajo de su vida, era escrito por él y que todo lo que en sus versos había dicho estaba muy bien dicho. Ese libro era su orgullo y su consuelo.

Pasaban los años y pasaban dejando su honda huella de dolor en el desventurado don Guillén de Lampart. Nadie le tenía compasión; para él no había ni la más leve misericordia. Nadie usaba de piedad con el pobre hombre. Le hicieron los implacables inquisidores nuevas inculpaciones, doscientas veintiocho, y ya no se defendió de ellas, ¿para qué? Estaba como sonámbulo, negociando con los vagos fantasmas que andaban en sus alucinaciones constantes. No dormía del todo, ni del todo reposaba. Soñando imaginaba felicidades humanas. Lo que hablaba eran sombras de cosas soñadas. Su espíritu era feliz en la locura y en ella se hundió plácida y dulcemente. Sabiéndolo loco lo seguían martirizando, cargándolo sin descanso con incomportable montón de penalidades, se ejecutaba en él toda la severidad, la más rigurosa. Los ríos de tormentos hicieron de su pecho un mar de penas. Pero don Guillén ya no hablaba, ya no se quejaba, sonriendo con tristeza andaba en el más allá; era todo suavidad dulce y mansedumbre.

Se pronunció al fin sentencia definitiva en su causa, sentencia larga y redundante. Después de diecisiete años de espantosa prisión se le condenó a ser relajado y a que se le confiscaran todos sus bienes —¿cuáles bienes?—, y "que se le hiciesen todas las demostraciones de iniquidad que pareciesen convenientes". A poco se vió en grado de revista su causa y se aprobó en todas sus partes ese fallo definitivo e inapelable, dando por muy bien comprobada la acusación fiscal y, en consecuencia lo declararon hereje formal, apóstata, materialista, sectario de las sectas y herejías del maldito Calvino, de Pelagio, de Juan de Huss, de Viclefo y de Lutero y de los alumbrados y de otros heresiarcas; se le declaró, además, dogmatista, inventor de nuevas herejías, fautor y defensor de herejes, protervo y pertinaz y que por todo ello incurría en la sentencia de excomunión mayor, que perdería todos sus bienes, aplicándose al fisco de la Inquisición y se declaraban inhábiles e incapaces para cualquiera dignidad a sus hijos y nietos y se les inutilizaba para que tuviesen beneficios y oficios eclesiásticos como seglares, ni tampoco podrían desempeñar ningún oficio público ni de honra, ni poder traer jamás sobre sí oro, plata, perlas, piedras preciosas, ni corales, sedas, camelote, ni paño fino, ni deberían andar nunca a caballo, ni portar armas, y, por último, se entregaría a don Guillén al Corregidor de la ciudad o a su lugarteniente para que fuese relajado, "a los cuales rogamos y encargamos muy afectuosamente, como de derecho mejor podemos se hallen piadosos y benignamente con él". Conmovía esta dulce, esta tierna y solícita piedad de los inquisidores.

★ ★ ★

Muy solemne y muy suntuoso fué el Auto General de la fe. En la Plaza Mayor se levantó el enorme, espacioso tablado cubierto de bayetas negras y sobre él se alzaron imponentes cuatro plataformas, también revestidas de negro, y a su frente se hallaba la terrible "media naranja" que era un tablado alto, en forma de pirámide, en cuyas gradas se habían de sentar los numerosos reos, la remataban una danza de cuatro arcos entre los cuales se erguía una cruz verde, pero para la gran Cruz Verde que se sacaba siempre en imponente procesión la víspera de los autos de fe, estaba destinado un altar especial encima de un gran cadalso con ricos paños de tisú, y encima de otro, se encontraban los púlpitos para el sermón, para la lectura de las causas y sentencias, para leer la bula pontificia *Si de Protegendis* y para desde ellos tomar el juramento al pueblo.

Estaba, además, el ancho tablado lleno de columnas, de tarjas, de roleos, de arquitrabes y cornisas y al fondo se alzaba un baldaquín de terciopelo negro con cenefa y goteras de brocado, amarillo y negro, y con larga flocadura áurea y en el centro las armas reales bordadas en colores y a gran realce. Comunicaba ese vasto templete por cinco puertas de historiadas jambas, con las Casas de Cabildo y por medio de cubiertos pasillos alfombrados, llenos de espejos, de cortinas y tapices. De uno y de otro lado del baldaquín había suntuosas colgaduras de damasco y el piso lo cubrían magníficas alfombras de colores y alrededor estaba una infinidad de sillas ya de felpa negra con galón de plata y almohadones bordados para los pies, ya sillas llanas de vaqueta para las personas de menos dignidad.

Con numerosas ceremonias, de cortesías y de largos cumplimientos, se hicieron las invitaciones de estilo al señor Virrey, a su familia, a la Real Audiencia, a los Tribunales, a las religiones; se dió el pregón por las principales calles, publicando el auto y las magníficas e incomparables indulgencias que ganaban los que asistieran a presenciarlo. Iban a caballo, enhiestos y grandiosos, los ministros del Santo Tribunal con sus familiares y de éstos unos con varas altas y otros tocando largas trompetas, ministriles y atabales. Los acompañaban el Alguacil Mayor y el Contador, ambos del Santo Oficio, y los graves secretarios, todos lujosamente vestidos y en caballos adornados con listones de colores y seguidos de doce tiesos lacayos de espada.

El virrey, duque de Alburquerque, también mandó publicar un gran bando "por las acostumbradas" para que el día del auto lo acompañaran los caballeros de hábito de las tres órdenes militares, los que hubiesen sido y fueran alcaldes ordinarios o alcaldes mayores, capitanes de infantería, priores y cónsules, consejeros, mayorazgos, encomenderos, gobernadores de indios, con pena de veinte pesos para los bolsillos de Su Majestad a los que faltaran.

La ciudad estaba llena, atestada, de forasteros que desde los más lejanos lugares del reino llegaron a presenciar aquella solemnidad espantosa e imponente, negra y roja, para ganar numerosas indulgencias plenarias y confortar su alma religiosa con el auto ejemplar. Pasó la procesión de la Cruz Verde a la que asistió toda la nobleza de México, haciendo gala con sus trajes más suntuosos, adornados de trenas lucientes y de orfrés y con muchas joyas, seguida de pajes y de lacayos innumerables con libreas ostentosas, y montada en caballos encintados de colonias y sus arneses llenos de las minúsculas refulgencias de las lentejuelas y de los galones y por encima de esta espléndida confusión de plumas de colores, de brillos de alhajas, de telas brillantes en las que el sol jugueteaba, sacándole reflejos ocultos, sobresalía, imponente, el estandarte del Santo Oficio a tono con los graves motetes y salmos que cantaba la capilla de la Santa Iglesia Catedral.

Toda la noche entre rezos y cantos religiosos velaron la Cruz Verde los frailes dominicos y con ellos casi toda la católica ciudad, que se aglomeraba en la plaza llena de silencio y de sombra sólo picada por las llamas de los cirios que ardían en torno de la Cruz. En tanto, en el Santo Oficio, se preparaba a los reos para el auto, los lavaban, los peinaban, les ponían ropas limpias para que fueran muy pulcros a las llamas. Cuatro confesores, uno tras otro, se acercaron suavemente insinuantes a don Guillén y a todos los fué rechazando lleno de rabia, les decía cosas espantosas para que, equitativamente, se las repartieran con los inquisidores.

Estaba lleno de excitación don Guillén, hablaba con los vagos seres de bruma y misterio que andaban por su mansa locura y poniendo los ojos en el cielo, ojos azules llenos de pena, dijo que de él iba a bajar alguien para salvarlo, y ya no volvió a hablar más don Guillén hasta que entre la hoguera se le fué la vida. Los frailes aseguraban que aquella actitud suya era porque estaba en posesión demoníaca. Lo vistieron con un sambenito lleno de diablos y víboras y de llamas, le pusieron la puntiaguda y alta coroza, le metieron entre las manos atadas una cruz verde como "árbol de su remedio" o "espada de su condenación".

Con don Guillén salieron muchos, muchísimos reos, hechiceros, bígamos, apóstatas, judaizantes, blasfemos, sectarios, embaidores, testigos falsos, adivinos, frailes y clérigos solicitantes, unos serían quemados, otros azotados y abjurarían *de levi*. A lomos de una mula engualdrapada iba una arquilla negra con llamas pintadas, y con las insignias de los relajados, que encerraba los huesos de los reos que fallecieron mientras que se les seguía su causa. Ni muertos alcanzaban el perdón.

Desfilaban con el virrey Alburquerque todas las autoridades, la nobleza, los colegios, todos a caballo, lo mismo que el cabildo eclesiástico y el civil, con sus pajes, bedeles y maceros con rozagantes sobrecotas de raso negro y en ellas bordadas de gran realce las armas reales a la espalda y al frente, las de la ciudad; marchaban las milicias; los servidores del espantoso Tribunal con ropas vistosas; un apretado ejército de lacayos, sirviendo a sus señores y delante iba, entre pajes de librea, una mula, hermosa y opulenta, ricamente aderezada, llena de planchas de plata, de campanillas y de borlas. Conducía esa acémila el imponente montón de causas que se iban a leer, cubriéndolas un telliz de damasco rosado, y encima una gran escribanía de carey embutida de marfil y nácar y a sus lados las varillas de oro que usa la Iglesia para las abjuraciones solemnes.

Todo aquel inmenso concurso tomó asiento en los negros cadalsos rodeados de tropa. Se dijo el sermón; largo fué y lleno de imprecaciones que escalofriaban; se leyó la bula de Pío V *Si de Protegendis* puesta en romance; se llevaron ante el Virrey y ante los señores de su séquito, los Santos Evangelios y cruces de oro para el juramento y recorrieron el tablado numerosos curas con misales para que se jurara sobre ellos, se dijo después el juramento general y la enorme multitud, que llenaba la plaza, las calles contiguas, los balcones, ventanas y azoteas, respondió con un estruendoso amén que subió hasta las nubes envuelto entre el largo clamor de las campanas.

Se empezaron a leer las causas, dos, cinco, diez, veinte, muchas, lectura fatigosa, agobiadora, que adormecía, combinada con el calor. A la una de la tarde se alzó Su Excelencia de su bordado sillón de terciopelo y con él todo su magnífico acompañamiento, de grandes señores, de autoridades, de frailes, de inquisidores, y entraron tras de él en la Casa de Cabildo en cuyas salas principales estaban las suntuosas mesas para el banquete, todas llenas de ostentosos adornos de plata y de flores. Asistió a esa comida la señora virreina, doña Juana Francisca de Armendáriz, junto con sus damas y con las señoras de más alta alcurnia en la ciudad, todas ataviadas con magnífica esplendidez, relucían de sedas y de joyas.

Cada convento de monjas mandó un guisado prodigioso y un dulce excelso, magnificente. Las conversaciones iban y venían alegres, finas, graciosas; había un festivo entusiasmo en las mesas; las copas con sus vinos dorados o rojos subían constantemente a los labios. Todos los comensales menos las señoras, que se quedaron en las ventanas, volvieron al tablado, orondos e indiferentes, con esa indiferencia gélida de los buenos jueces, a oír la durmiente lectura de las causas mientras que hacían tranquila y plácidamente la digestión de las soberbias cosas que habían comido llenos de dicha, y entrecerraban los ojos por la suave somnolencia que les ponía el calor de la siesta.

La lectura seguía sin interrumpirse, lenta, fastidiosa, con tono igual, cansino y durmiente, que oía cada reo puesto de pie y entre escolta de alabarderos. Don Guillén de Lampart estaba inmóvil, con los ojos llenos de dulce vaguedad, mirando las nubes que iban por el cielo azul incendiado de sol; de ellas esperaba ver bajar al poderoso ser que lo iba a libertar; de tiempo en tiempo, indiferente a todo, tranquilo, con la cruz que tenía entre las manos atadas con duras cuerdas limpiábase la boca, se alzaba los bigotes, la metía entre el pelo rubio, alborotado, y se rascaba, y seguía inmóvil en su apacible ensueño, sin oír al Padre maestro Fray Francisco de Armentia que amorosamente, con entrañas de caridad, lo adoctrinaba.

A las cinco de la tarde terminó la enfadosa lectura de las causas y sentencias. Se entregaron al conde de Santiago, corregidor que era de la ciudad, los seis reos que iban a condenar a la hoguera, más los huesos y estatuas de los muertos o fugitivos que

127

ni así escapaban del rigor de la Santa Inquisición. Fué el Conde a su tablado especial en donde estaba su audiencia frente a los portales de Mercaderes, y con el asesor dictó pronto la sentencia de los relajados en persona.

Montaron a los reos en mulas de alabarda, escoltándolos soldados y a sus lados marchaban los verdugos y frailes que les hablaban con amorosa dulzura de arrepentimiento y de la gran misericordia de Dios. A voz de pregonero, "músico de culpas", los llevaron por las calles de los Plateros y de San Francisco hasta la Alameda, frente al convento de San Diego, en donde tenía el Santo Oficio su brasero temible. Una enorme multitud seguía rumorosa a los relajados; las casas parecían hundirse con el gentío que se hallaba encima de ellas; en cada árbol de los de la Alameda estaban arracimados infinidad de hombres y de muchachos y al paso de los reos lanzaban atroces improperios. Don Guillén ya no veía a la tierra, no parecía escuchar aquel espantoso, enorme rumor, que en torno suyo zumbaba con alboroto de mar en furia, él andaba fuera del mundo, por las regiones apacibles de su grata locura.

Llegaron al siniestro Quemadero. Al pie de cada poste en el que se iba a atar a los condenados, estaba un alto montón de leña traída mucha por manos piadosas de los montes cercanos, así ganaban más indulgencias. Fueron amarrando a los reos, fijándolos al palo con una argolla de hierro que les pasaba por la garganta. Los frailes decían llorosas oraciones y mostraban el crucifijo a los que iban a morir. La muchedumbre rugía, revolviéndose. Empezaron a arder las santas hogueras de la fe en un torbellino rojo y negro.

Don Guillén, sin dejar la mirada del cielo, perdida la esperanza de que bajara "su familiar" a salvarlo, se dejó caer de golpe y la argolla que lo sujetaba por el cuello lo ahogó, desapareciendo luego su cuerpo entre el esplendor espantoso de las llamaradas. Salió de la vida después de diecisiete años de sufrimientos continuos y lentos en las sombrías cárceles del Santo Oficio. Se fueron acabando poco a poco las hogueras, bajando el cárdeno tumulto de sus llamas y cuando se extinguieron no quedó más que un montón brillante de brasas luciendo entre la noche, y también, lentamente, se fueron ennegreciendo. Mientras tanto, en el teatro de la Plaza Mayor se continuó la relación de las causas de los demás reos, pesada ceremonia que duró hasta ya bien entrada la noche. Se encendieron entonces las gruesas hachas de cera y a su luz se les hizo bajar de la media naranja para que fueran a abjurar a las gradas del tablado en que estaba el sitial del Virrey y de los inquisidores y al terminar esta prolija ceremonia, todos los soldados dispararon sus mosquetes y en seguida comenzaron a tocar plegaria todas las innumerables campanas de la ciudad; un afamado cantante entonó la absolución a la que respondió con un canto gozoso la capilla de la Catedral; se quitaron los fúnebres velos a las cruces al amplio estruendo de una nueva descarga que llenó toda la ciudad con su estampido, y el doliente tañer de las campanas se convirtió de pronto en alegre y amplio repique. La Iglesia se regocijaba porque aquellas almas, limpias ya de pecados, volvían puras a su seno.

Tornó la procesión de los reos por la calle de Santo Domingo a la amarilla luz de las hachas, hasta la casa de la Inquisición, en donde fueron de nuevo entregados al alcaide para sacar otro día por la ciudad, en paseo ignominioso, a los condenados a azotes y vergüenza pública. El virrey Alburquerque, y su cortejo, acompañó a los inquisidores hasta el Tribunal en donde se despidió con grandes cortesías de los negros señores y seguido de sus gentileshombres, oidores y otros ministros, se fué al Real Palacio, cargado de santas y numerosas indulgencias.

A las ocho de la noche, cuando salía de todas las torres el clamoroso toque de ánimas, las cenizas de los relajados fueron recogidas y los verdugos las echaron a paletadas y diciéndoles maldiciones, en la zanja que corría junto a los altos paredones del convento de San Diego. La noche estaba azul, temblorosa de estrellas; en sosiego inalterable estaba la ciudad; todos dormían venturosamente y el que estaba despierto, rezaba.

UN DRAMA DE LA INQUISICIÓN

Es un estrecho calabozo, húmedo, casi oscuro, apenas si le entra luz por el enrejado ventanillo que se abre en la gruesa y claveteada puerta de cedro. Gime y sufre en este socucho miserable un pobre preso; se desespera, se apacigua a veces, lo ilumina una suave esperanza, cae después en abatimientos hondos, y así ve pasar los días, los meses, ora con desesperación, ora en sosiego, ya con dulce serenidad. Este preso desventurado se llama Melchor Pérez de Soto. La Santa Inquisición lo tiene metido en esa mazmorra inmunda. Es hombre de fino y delicado espíritu, lleno de inquietud, de curiosidad, y este afán suyo por saber, es lo que le ha costado la cárcel. No tiene, por su negra desdicha, ni un solo papel impreso en esa bartolina. Ama los libros Melchor Pérez de Soto; los quiere con pasión invencible y está lejos de sus libros tan queridos para él. Entretiene las horas pensando en ellos añorándolos con tristeza, con un dolor sereno.

Las horas pasan, pasan lentas, interminables. Por aquel ventano celado de hierros tupidos se divisa parte del patio. Sombrío, melancólico, silencioso, es este patio con su fuente en que musita el agua su eterna querella, con sus naranjos de verde esplendor, y arriba, muy arriba, un retal azul de cielo y por los muros blancos el sol que desciende a este triste patio, rodeado de celdas tenebrosas, y que, poco a poco, se va recogiendo en el muro que ve hacia el ocaso y va subiendo, subiendo, amarillo y caliente, hasta que queda sólo un delgado filete a lo largo del pretil y al rato desaparece para que bajen las sombras o para que salgan de los escondrijos de aquella casa temerosa. Surgen de los pasillos estrechos, de debajo de las escaleras, de aquellas estancias con cristos ensangrentados, de aquellas salas con retratos de foscos personajes con ropas negras; de las habitaciones en las que se encuentran los terribles procesos o surten de la cámara en que están los espantables instrumentos de tortura, o, tal vez, brotan esas sombras del alma misma de los carceleros, de la muy dura de los inquisidores. Un gran sosiego, un silencio hondo, se estanca en el patio. Él claro rumor del agua; de vez en cuando largos gritos dolorosos que parten de alguna celda, se alzan, ondulan por las tinieblas, se desvanecen, y de nuevo se tiende una gran quietud, vuelve a adueñarse el patio de su tranquilidad. Se oyen las campanas de Santo Domingo, pasan por el crepúsculo melodiosas, suavísimas, cantan con todas las de la ciudad el Angelus, después dicen las oraciones. Paz profunda, inalterable paz. La noche encima del patio. Leve y cristalina una distante campanita de convento mete su voz pura, inocente, en la celda de este preso infeliz, quien la acoge con delicia porque le pone un dulce bienestar en el alma.

Esto de las campanas es la obsesión constante de Melchor Pérez de Soto. Él es el Maestro Mayor de las obras de la Santa Iglesia Catedral. El 24 de marzo de aquel malhadado año de su prisión, 1654, presenció cómo se bajaron del antiguo campanario de la Catedral las enormes y pesadas campanas nombradas Doña María y la Ronca, además de una mediana y cinco pequeñas. Se hizo la fácil operación sobre un castillejo que se construyó de madera el cual desde lo alto vino rodando por sobre unas gruesas planchas hasta hacerlo descender en el suelo. También presenció el 29 de marzo, regocijado y fragante Domingo de Ramos, cómo las tornaron a subir llenas de banderillas, de lazos, de policromas cadenetas de papel y de flores a la nueva torre, "que cae sobre la capilla del Sagrario", entre un "general clamor de las campanas de toda la ciudad porque no sucediese desgracia". Asistió a este acto el virrey don Francisco Fernández de la Cueva, duque de

Alburquerque, acompañado de los cabildos eclesiástico y secular y de los señores de la Real Audiencia. La fastuosa nobleza de la ciudad puso su brillante esplendor en la ceremonia.

Lleno de emoción oía el desdichado Pérez de Soto sonar las campanas desde su mazmorra oscura, en la mañana, en la tarde, en la noche. Parecíanle voces amigas que iban a llevarle suave paz a su desdicha. Con qué delicada ternura penetraban esos sones en su corazón. Hasta en un pequeño papel llegó a poner los toques que daban y ese papel se agregó a su causa como si fuera un acto delictuoso el haber escrito eso. "A las cuatro de la mañana, a dos de Marzo, estaba vertical a México el Can Mayor; me pareció hacia el Sur. Cerca del día de ceniza tocaron a parto. A dos de Marzo a las cuatro de la mañana, tocaron a parto. Este mismo día martes, a las nueve de la noche, repicaron en todas partes mucho, o fué China o aviso de España. El domingo siete, a las siete, después de la oración, repicaron en todas partes, prima en la Catedral, y después doblaron".

Melchor Pérez de Soto era criollo, poblano, a los comienzos del siglo XVII nació en la célebre Cholula, hacia el año de 1606. Arquitecto fué su padre, Juan Pérez de Soto, arquitecto también lo fué Diego López Murillo, tío suyo muy querido, hermano de su madre doña Ana de León, descendiente de hidalgos y de conquistadores, y esa misma profesión de maestro de cantería, tuvo su padrino de confirmación, Sebastián Zamorano, "un gran arquitecto que hubo en esta ciudad" de México.

Desde muy muchacho se aficionó mucho Melchor a este género de trabajo. Veía con admiración grande los dibujos y monteas que hacía su padre; las estampas evocadoras de los libros que guardaba en sus recios estantes de roble; miraba y volvía a mirar, sin cansarse nunca, los bellos edificios que hay por las grandes ciudades del mundo y les tenía envidia a las gentes que aparecían ante ellos. ¿Cómo vivirían estas personas? ¿Qué impresión les causarían esas magníficas construcciones? ¿Qué dijeron cuando las vieron por vez primera? Con este gusto por la arquitectura creció y llegó a hombre, hizo estudios, cursó las aulas, y con el tiempo alcanzó fama y por ella fue Maestro Mayor de las obras de la Catedral de México.

Pero curioso de por sí y deseando saber lo oculto del porvenir, quería dar caza a hondos secretos y así fue como se dedicó a la astrología judiciaria, empujado, además, por el caballero santiaguista don Pedro de Casanate, almirante de una nao, y con el cual hizo un largo viaje a las Californias en desempeño de importantes comisiones del servicio de Su Majestad el rey. Tuvo, además de este marino erudito, otros buenos maestros en el "arte de la astrología": dos frailes ilustres, uno fue el agustino Felipe de Castro, quien le facilitaba libros sobre esa materia "non cumplidera de leer", y el otro, Diego Martínez, conventual de la Merced, maestro que era muy celebrado en matemáticas en la Real y Pontificia Universidad. Con un don Julián de Espinosa, con un fulano de apellido Jarava, con un tal Saboyano que fue primero habilidoso alfayate y después lego dominico, y con un doctor Bonilla, se reunía Pérez de Soto para "levantar figuras". Este médico, al terminar sus visitas facultativas, iba noche a noche a casa de Melchor y los dos consultaban largamente las estrellas acerca de los padecimientos de los pobres seres que habían puesto su salud en manos de ese médico astrólogo para que les diera remedio a sus enfermedades. Pérez de Soto, y otros de sus amigos, el día de Corpus del año de 1649 "hicieron un tema para ver si venía flota" y acertaron bien en el punto, tocaron de cerca la verdad y llenáronse de gozo.

La casa de nuestro hombre estaba llena de cuerpos de libros; su mujer, doña Leonor de Montoya, decía por gracia "que todo su ajuar lo tenía en libros". A todos los mercaderes de libros de la ciudad les compraba muchos volúmenes; los mejores que les llegaban en las flotas iban a parar a la morada de Pérez de Soto que encontrábase sita cerca del Hospital de Nuestra Señora o sea el llamado de Jesús Nazareno, en la calle de la Comedia. La casa que le daba este nombre a la calle y en la cual había representaciones, quedaba junto al citado hospital fundado por la "piedad heroica" de don Hernando Cortés, y en esa rúa pacífica encontrábase también la de Melchor Pérez de Soto y se le llamaba la "del Barco", tal vez por alguna nave que tenía o tuvo en tiempos pasados pintada por ahí.

Pero aunque este hombre era "de vivo ingenio y nada se le pasaba por alto", no sabía la lengua latina y tuvo que buscar y halló pronto, pagando bien, que así es como se encuentra todo, quien le pusiese al vulgar muchos libros y hasta treinta o cuarenta cuadernos que trataban de revesada astrología judiciaria. Aunque muy aficionado a ciencias ocultas como era, tenía escrúpulos para dedicarse a ellas y consultaba con frailes prudentes, de muy buenas letras, pues que "en materias de ser cristiano —son palabras suyas— no le ganaba ni San Pedro", y "no era su intento sino experimentar si era cierta o no la astrología, y lo que por ella se juzgaba no se había de creer infalible". Espíritu ávido, lleno de curiosidad, con ansias insaciables de aprender, de escudriñar en ocultos misterios, saber lo pasado, entender lo presente y pronosticar y adivinar lo futuro. Pero no acababa de penetrar ni entender de todo en todo misterios tan altos.

Pidió autorización para leer los libros y cuadernos que poseía y que trataban "de astrología, elevar figuras, descubrir enigmas, hurtos y otras cosas", a los padres jesuitas del Colegio de San Pedro y San Pablo, quienes se la concedieron sin ninguna cortapisa. Y aun fué a pedir ese permiso necesario al nimio inquisidor don Francisco de Estrada, y este señor lo autorizó muy ampliamente para esas lecturas con tal de que no "comunicase con nadie", pero este consentimiento no le satisfizo nada al arquitecto, pues que de poco o nada le servía el estudio de esas materias si no podía discutir con alguno, exponerle, además, sus dudas, manifestarle sus adelantos y descubrimientos, así es que le instó al Inquisidor para que le ampliase la autorización y no hubo necesidad de fatigarlo con muchas instancias, pues haciéndose don Francisco de Estrada cargo de todo, accedió a sus deseos con la condición precisa de que únicamente "lo comunicara con personas doctas, y no con mujeres ni otras personas poco sabidoras".

★ ★ ★

Fueron incontables las veces que Pérez de Soto usó de su ciencia astrológica para dar a conocer lo que está por venir, alcanzar los secretos de la Naturaleza y alargarse a los futuros sucesos de la vida humana. En el voluminoso proceso que se le instruyó se ponen muchas de sus adivinaciones. Así, por ejemplo, se perdió en la casa de una dama rica un grueso platón de plata de los que componían su magnífica vajilla, y al preguntársele a Melchor por el paradero del objeto extraviado, aseguró, tras de cortas cogitaciones, que se le hallaría pronto cerca de agua, y así sucedió en efecto, pues se le encontró de ahí a pocos días escondido junto a una fresca tinaja.

Pasó una buena mañana por la librería que Antonio Calderón tenía abierta en la calle de San Agustín, y este mercader estaba fatigadísimo en adivinar lo que no le importaba ni mucho ni poco, como quién podría salir electo por provincial de San Francisco, cuando en esto acertó a pasar por ahí Pérez de Soto, quien era, además de excelente amigo del librero, el mejor de sus compradores, y después de decirle Calderón cuál era su afán, él le prestó ayuda eficaz para que satisficiese sus curiosos deseos.

"Tenía echadas en un sombrero diversas cédulas, escrito en cada una el nombre y apellido de los que parece podían ser provinciales, y hacía que un muchacho, hermano suyo, metiera la mano en el sombrero y sacase una de dichas cédulas, para ver el nombre del que salía". Melchor, "reduciendo el discurso a estrictos preceptos de astrología, vió que, por ser la una del día, el sol estaba en la nona casa con Marte, y que era casa de Religión la dicha nona casa, y que, por estar el sol en ella y Marte aficionado a armas, sería el Provincial que había de salir hombre bermejo y aficionado a armas, y así lo dijo... a Antonio Calderón: que si entre los religiosos sucedió que le dijo el dicho Antonio Calderón que era así, que entre los religiosos había un religioso, que era su tío, llamado Fray Fulano de Lima, el cual era bermejo y aficionado a armas, y éste respondió: «¡Pues ese ha de ser el Provincial que ha de salir!», lo cual dijo con duda porque... la tiene en semejantes pronosticaciones, respecto del libre albedrío de los hombres, que pueden apartarse de aquel pensamiento, o asentir en él; pero que si uno nace en signo bueno, tendrá primero el pensamiento bueno, sin embargo que le podrá sobrevenir el malo y elegir el que le pareciere, y si nació en signo malo, tendrá primero el pensamiento malo y después el bueno, y podrá elegir por su libre albedrío".

Y todo aconteció tal y como Pérez de Soto lo dijo, pues que en el capítulo celebrado en Xochimilco el 28 de noviembre de ese mismo año de gracia de 1648, salió electo por Provincial de la Orden Franciscana el pelirrojo Fray Alonso de Lima.

En casa de un tal don Pedro de Eguren, hombre rico y principal, tenido en mucho en la ciudad de México por todos los hombres de bien, se hallaba de visita una tarde el Padre franciscano Fray Juan de Ubilla, y la tranquila plática fué sobre de quién sería Provincial de la Orden Seráfica, que si éste, que si el otro, que si aquél, y para salir de una vez de dudas todos los de la tertulia mandaron llamar con un paje a Pérez de Soto, de cuya ciencia astrológica tenían noticia, y a poco rato llegó el arquitecto, pues que era muy comedido y eficaz y nunca desatendía un ruego. Se le recibió con fino agasajo y enterado de los deseos de los tertulianos, pidió al religioso franciscano que le pusiera en un papel el día y la hora en que iba a tener lugar la elección en su convento, y después de que el buen Padre Ubilla escribió todo eso, ya no se habló más del caso y la conversación siguió, mansa y pacífica, por otros caminos entre sopa y trago de chocolate.

Pero Melchor, al volver a su casa, "levantó figura y según el signo que salió por el ascendente que fue Capricornio", dedujo con facilidad, tal y como si lo leyera en un libro, que el nombrado tenía que tener un gran parecido con una cabra, no solamente en el rostro, sino "en las demás partes". El Padre Juan de Ubilla al saber ese agüero se llenó de inmenso contento, no le cabía tanto regocijo en el alma, pues que se tuvo a sí mismo por el que iba a salir electo "porque, aunque era grueso, tenía las piernas delgadas a semejanza de cabra, y se alzó el hábito y mostró... las piernas y los brazos, que eran también delgados y la cara era semejante a la de cabra".

Este feo parecido que le desplacía mucho al Padre Ubilla que le dijesen otros, entonces le agradó sobremanera y le pareció muy de perlas el tenerlo, porque iba a ser superior de su grey franciscana, y eso de mandar y ser obedecido es muy linda cosa, pero pronto se le fue el gozo a lo hondo del pozo, como suele decirse, pues que volvió a insistir en que le dijese Melchor mayores seguridades de su nombramiento, pues que observó con grandísimo desagrado, que en la comunidad había otros padres también capriformes, casi más que él. Los miraba a ellos y luego se veía muy despacio en un espejo y éste le decía, sin engañarlo, que sus hermanos en hábito tenían mucho más de cabra que él, salía de su unciosa suavidad y quería romper el claridoso cristal porque le desagradaba la verdad que manifestábale sin adularlo, en sus deseos de ser como chiva.

Puso el Padre Ubilla en un papel todos los nombres de los que estaban más cerca del éxito de la designación y lo entregó a Melchor Pérez de Soto, quien llevó a su casa esa lista para hacer un estudio cuidadoso, "y por la regla y rueda pitagórica, que está al fin del libro del Venerable Beda en que trata de la Astrología, hizo juicio por el nombre y letras porque comenzaba y todas las del nombre; y juntando las letras del número, y los días de la luna, y los días del planeta, que reina en aquel día que hace el juicio, se hace suma de todo, y sacados los treinta por los que que-

138

dan, se va a buscar a dicha rueda el número que sale, si está en grado superior o inferior, y según esto se juzga; y entonces juzgó que de todos doce, el dicho Fray Juan de Ubilla y Fray Juan de Sicilia, eran los dos que podían salir, por estar iguales; y visto que eran iguales, dejó sus nombres, y tomó sus apellidos, y hizo el mesmo discurso por ellos y salió en la parte superior el dicho Fray Juan de Sicilia".

En nacimientos de criaturas también era frecuentemente consultado por los padres que deseaban saber lo que al niño le deparaba el destino. Entre otros muchos casos, un día "levantó figura a Juan Vital, secular organista desta Ciudad, el cual (le) dió... el año y día de su nacimiento... ya habiéndola levantado, halló en la figura, en la primera casa, al planeta Venus, y yéndola a buscar en los *Aforismos* de Enrique Ransobio, halló que decía que sería el tal naciente organista, lo cual (le) hizo admiración... y así lo dijo al dicho Juan Vital, que se admiró, diciéndole éste que dicho autor parecía que hablaba con el diablo".

Tanto en la entrada de virreyes como en la de arzobispos, predecía futuros, levantándoles figura con todas las precisas reglas "abscondidas de su ciencia". Siendo cosas de por venir hablaba de ellas como si fueran pasadas. Vaticinó la muerte del Ilustrísimo don Juan de Mañosca y tuvo acierto en lo que dijo, cosa que admiró. De su voz se tomaban los pronósticos, pues daba venturas, sabía de la suerte de cualquiera, hacía perfectamente anatomía de las inclinaciones y talentos de otro y sacaba por figura los sucesos más lejanos.

En lo relativo a robos declaró que las figuras las alzaba según lo escrito en las *Efemérides* de David Origano. El fundamento que se halla, para decir en dónde está el hurto, es conforme a la hora en que se hizo, si el signo es terrestre, aéreo, o ígneo, o ácuo, y por la séptima casa se saca la fisonomía del ladrón. ¿Alguien entiende esta jerigonza? Yo no.

Cuando se hicieron unas ciertas "ventanas de vidriera en el Colegio de la Compañía de Jesús en San Pedro y San Pablo", padres y hermanos coadjutores gustaban de ir a conversar con Melchor después de la hora plácida del refectorio, y repetidas ocasiones le rogaron que les leyese las líneas de la mano, y él se las leía, haciéndolo solamente por pura broma, por llevarles sin contradicción la chanza adelante, pero atinó al contestarle a un hermano, Ángelo de nombre, que una cierta raya misteriosa que le llegaba hasta el pulgar, la cual, con toda claridad, significaba casamiento. Con grandes carcajadas, rieron los padres la gracia y el hermano coadjutor se quedó pasmado del singular pronóstico. Al poco tiempo supo Pérez de Soto por un jesuita su amigo, que a aquel Ángelo se le había echado de la Compañía por enamoradizo y que ya había celebrado buenas bodas con una rica hembra de la Puebla de los Ángeles con la que se acomodaba bien al estado del matrimonio.

Esto de la quiromancia lo aprendió, decía, de un muy curioso "cuaderno mano escrito" con el que lo regaló su querido compadre Casanate, y en muchas de sus páginas estaban muy bien figuradas "algunas manos con signos aplicados, en los dedos, a los planetas" y de éstos unas líneas "que parecían garabatos y que claramente significaban boda, mortaja, hábito, o cualquiera que fuese, o el destino de la criatura".

A Sor María de San Juan, monja profesa en la Encarnación, le predijo cuando era niña que sus días iban a ser breves y que como muy poco iba a durar su paso por el mundo se esforzara en alcanzar toda virtud para cuando llegase a la otra vida a ceñirse la apetecida corona. Esta predicción, según se afirmaba, fué la que hizo a esta monja tan ejemplar en el claustro. Su vida estuvo llena de virtud y de mortificación y admiraba su prudencia y sumisa bondad. A ese mismo monasterio de monjas fue a dirigir las obras de "unas celdas para las cuñadas de don Pedro Cabañas" y las monjitas lo solían molestar a diario con inoportunos ruegos para que les dijese la ventura, por las manos, que les averiguase su destino; con palabras blandas y halagueñas, le rogaban con porfía que querían saber de él el anuncio de dichas y favores divinos, pero Melchor les contestaba que cuál mayor ventura en este bajo mundo que la que ellas tenían, por ser esposas de Cristo nuestro bien.

★ ★ ★

Así, por este tenor, daba a menudo pronósticos de lo que iba a ser. Conocía bien lo que estaba por venir. Siendo el suceso futuro lo exponía como si hablara de algo que en esos momentos estaba aconteciendo, veía de lejos en el tiempo presente lo que iba a suceder y por eso, con tanta seguridad, señalaba con el dedo un acontecimiento como si lo estuviera leyendo en la página de un libro que tuviera abierto ante sí, bajo muy buena luz.

Mucho mienten y multiplican dislates los astrolabiadores impertinentes, pero no Pérez de Soto que tenía conocimiento de las estrellas y sacaba por figura los sucesos.

Todo esto llegó a los oídos, siempre atentos, del Santo Oficio, quien ya le había puesto encima los ojos por las prácticas sospechosas a que se dedicaba con ahínco, pues ya tenía bien aherrojado en sus cárceles secretas a un tal Gaspar Rivero Vasconcelos y en la causa que a este individuo se le estaba instruyendo muy a menudo había citado a Melchor Pérez de Soto, lo cual era cosa gravísima para tener el alma pendiente de un hilo.

El fiscal Tomás López Enenchún, acusó en forma al arquitecto "de haber cometido muchos delictos" vitandos contra la santa fe católica, de tener en su poder numerosos libros de los prohibidos y de vivir "usando y practicando la judiciaria". Se citaron a los sabios calificadores para que dieran parecer sobre la denuncia jurada y lo dieron luego muy claro y terminante, manifestando que Pérez de Soto era incurso en los delitos que perseguía ese Santo Tribunal "por haber trazado horóscopos y usado de sortilegios para averiguar hurtos, tesoros y acontecimientos futuros, había incurrido en las censuras y demás penas de las constituciones de Sixto V, por tener en su poder libros de herejes, en la Bula *In Caena Domini*, y por conservar obras prohibidas, en las del Santo Oficio".

Ya con este terrible dictamen los inquisidores apostólicos contra la herética pravedad y apostasía, en la audiencia que tuvieron el 9 de enero de 1655, mandaron a su Alguacil Mayor para que "procediera a prender el cuerpo de Melchor Pérez de Soto donde quiera que se hallase, aunque fuera iglesia, monasterio o cualquier otro lugar sagrado", además se le ordenó especialmente que le recogiese todos sus papeles y libros sin dejarle ni uno solo en su casa y aun con todo esto "la cama de su dormir" y que para sus primeros alimentos le exigiese cincuenta y ocho reales diarios contantes y sonantes.

Habitaba entonces el arquitecto en "una de las casas de la Santa Iglesia Catedral, que las ventanas della salen unas a la calle del Relox y otras a las calles de Santa Teresa". Allí se le aprehendió el 13 de enero de 1655 y en ese mismo día fué a dar su triste humanidad a las temerosas cárceles secretas del Santo Oficio, calle de la Perpetua. Se le encerró desde luego en un calabozo húmedo, oscuro, pequeño, por cuyo estrecho y enrejado ventano, abierto en la recia puerta de cedro que lo cerraba, veía el alegre verdor de los naranjos del patio, un pedacillo azul de cielo y los calabozos fronteros al suyo, tras de cuyas rejillas contemplaba, más bien, adivinaba, la angustiada tristeza de unos rostros pálidos iluminados por la fiebre y con ojos siempre en susto.

Le secuestraron todos sus libros que leía y releía con insaciada codicia, pues era curioso y amigo de conocer de raíz los asuntos. Con ellos él se cultivaba y perfeccionaba el entendimiento. "Mil quinientos dos cuerpos de libros de a folio y a medio, cuarto y octavo, de diferentes autores en latín y en romance, en que entran algunos cuadernos, aforrados en pergamino, que van contados por cuerpos". Era su biblioteca espléndida, copiosa, selecta, muchos conventos de la ciudad no la poseían tan magnífica en esos tiempos y para que los ojos de sus continuos visitantes no anduviesen leyendo los títulos de sus libros, los guardaba muy en orden en grandes arcas y arcaces de pino, muchas de estas cajas, aforradas en vaqueta de pelo, estaban, además, bien aseguradas con llaves, y así se evitaba, aparte de que se los fisgonearan, el que le pidiesen alguno prestado.

De todo y muy bueno había en esa espléndida colección, apetitosa golosina de bibliófilos. Cualquiera de ellos los hubiera hecho perder el seso y despulsarse. Pérez de Soto codiciaba y amaba sus libros con doblado amor, se arrojaba a quererlos con ímpetu y furia. Literatura, geometría, arquitectura, metalurgia, lenguas indígenas, esgrima, gineta, historia, religión, medicina, farmacia, todas las ciencias se hallaban bien representadas en aquella vasta compilación, con excepción de la jurisprudencia, de la que no había ni un solo librillo, pero, en cambio, de astrología era muy abundante el número de ellos, en todos los idiomas se encontraban y sus márgenes se veían llenos de apretadas apostillas y notas, con lo que se demostraba que los tenía por familiares, bien leídos y comentados.

Los había vuelto y revuelto en su consideración casi de revés, escudriñándoles hasta los más ligeros ápices de sus doctrinas por investigación y experiencia en muchas noches a fuerza de muy exquisitas diligencias. Con ellos cubría sus ambiciosos deseos de investigar lo desconocido y de inquirir las cosas altas. Poseía también libros de vaga y amena literatura, de los que dan solaz y descanso al espíritu que se acerca a su lectura y también entre ellos estaban muchos de los vanos de caballerías, muy llevados y traídos por dondequiera, a pesar de la prohibición real de ser introducidos en estas tierras por los males que acarreaban a las almas. Vedóse el pasar a Indias por real cédula de 4 de abril de 1531 "libros de romance de historias vanas o de profanidad, como son de *Amadís* e otros desta calidad, porque este es mal ejercicio para los indios, e cosa en que no es bien que se ocupen ni lean".

Todos estos libros guardaron los sanitarios de la fe en sus terribles oficinas. También en los edictos que, como era de rigor fijaron en las puertas principales de todas las iglesias de la ciudad, se conminaba, bajo graves penas, para que compareciesen a declarar todos aquellos que tuvieran algo que decir en contra de Melchor Pérez de Soto, y que el que guardare algún libro o papel suyo, manuscrito o de molde, lo entregase inmediatamente en el Santo Oficio de la Inquisición, pena de excomunión mayor *ipso facto incurrenda*.

Eran legión los que fueron a decir largas cosas contra Melchor. Lo acusaron y le pusieron sus cargos. Ninguno temía ser su delator e infamar su proceder. Pero él se defendió sagazmente, satisfizo a las inculpaciones que le pusieron. Dió testimonio de la verdad. Alegaba bien que "no había faltado a las obligaciones de cristiano, a lo menos de manera que él lo pudiera haber advertido en las cosas de nuestra santa Fe Católica, que en lo demás se confesaba por muy gran pecador", y que si había hecho verter al romance tratados de astrología, astronomía y aritmética, compuestos en culto latín, fué "por tocar tanto a la ciencia de arquitectura que profesaba, con deseo de perfeccionarse más en el arte de arquitecto".

En lo tocante a trazos de horóscopos, observaciones que hacía del estado del cielo al tiempo del nacimiento de alguno por las cuales predecía los sucesos de su vida, declaró que "siempre le ha parecido que el hacer dichos juicios de nacimientos prematuros y hurtos es cosa lícita, por parecerle que es cosa natural que el signo que prevalece cuando uno nace le infunde, de los cuatro elementos, los cuatro humores, según la calidad del signo, y que esto le parece que puede infundir en la inclinación del sujeto, pero no en el libre albedrío que tiene, porque Siempre podrá usar dél; porque en las tres potencias que Dios Nuestro Señor tiene dadas a los hombres, conviene a saber, memoria, entendimiento y voluntad, no le parece que puedan dominar ni violentar los astros, sino que ellas han de obrar libremente".

El mismo virrey, duque de Alburquerque, dando pruebas de sumisión y respeto al Santo Tribunal de la Fe, envió a su secretario don Pedro de la Cadena a que manifestara a los señores que Pérez de Soto "era Maestro Mayor de las Casas Reales", y "que estaba asentado en los libros y que tiraba salario de Su Majestad", y que al enterarse que lo había encarcelado la Inquisición y que le secuestraron sus papeles y libros, se apresuraba a enviar, "como tan celoso que era, para que se añadiese a lo confiscado, un libro de Cornelio Tácito y la estampa de una nao que se encontró en la recámara del procesado".

★ ★ ★

Las audiencias seguían a las audiencias, y Pérez de Soto protestaba con enérgica decisión en cada una de ellas de su inocencia. Manifestaba lo que pasaba por su corazón y sentía desnudamente. Su triste encarcelamiento achacábalo a "ser maestro mayor de las obras de la Santa Iglesia Catedral y de las casas reales, por lo que se le han recrecido algunos enemigos, particularmente en los del mesmo arte", pero Sus Señorías los inquisidores lo amonestaban constantemente para "que recorriese su memoria", porque el Santo Tribunal, sin causa justificada, no aprehendía a nadie. Alegaba una y otra vez su pura inocencia en cosas atañederas a la fe de Cristo que siempre fué la suya y la de sus padres, quienes, en el seno de la Iglesia, vivieron y murieron sin habérseles ensuciado nunca ni con la leve sospecha de una herejía y pedía el infeliz con tenaz insistencia que pronto se le despachase su causa "atendiendo así a su honra, en la que padece, como a la falta que hace al servicio de Su Majestad, cuyos reales gajes estaba tirando como criado suyo" muy fiel, y que se le perjudicaba grandemente y se le hacía daño considerable, con tenerlo preso porque podíanle quitar su honroso cargo de Maestro Mayor por no poder cumplir la palabra que tenía empeñada al Virrey de acabar en dos años las cuatro bóvedas de la Iglesia Catedral, con lo que mucho padecía el rey en ello".

Se acongojó en la pesadumbre de la prisión. Horas tristes, largas, interminables horas, las del pobre cautivo en su estrecha celda, lejos de lo que más amaba en el mundo: su mujer, sus hijas, sus caros libros, más queridos que su vida misma. ¿Qué harían solas estas desventuradas y pobrecitas mujeres, sin tener ayuda de nadie, vistas con desprecio y asco por todo el mundo? Serían terreno de todas las afrentas. Con estos pensamientos tristes venían a sus ojos lágrimas copiosas y amargas, iguales a su sentimiento interior. Saber la desgracia de los seres queridos y no poderlos ayudar es el mayor dolor, no hay nada que se iguale a esta pena.

Con sutil habilidad cohechó a un ayudante del carcelero para que le proporcionara un libro el cual iría a pedir a su mujer, doña Leonor de Montoya, quien se lo mandó imaginando lo que padecería su pobre marido con la falta de lectura sin la que no podía vivir, casi le era más necesaria que el pan. El libro que le envió fue el *Arte real, para el buen gobierno de los reyes y príncipes y de sus vasallos,* compuesto por el licenciado Jerónimo de Cevallos y, además de este volumen, le envió muy dulces palabras de consuelo que le aliviaron la pesadumbre de su alma, le enjugaron las lágrimas de sus ojos y quedó más animoso. También le mandó decir, que tanto ella como sus hijas "le besaban las manos y lo encomendaban a Dios y rezaban muchas oraciones y andaban muchas estaciones por él".

Con esas delicadas frases de ternura, y con su libro que abrazó como a una criaturita desvalida y hasta le dijo mimos y lo brincó como a un niño, se sosegó un poco su cuita y se le puso fuerza en el corazón. Después escribió a su esposa en las hojas en blanco que arrancó con inmenso dolor a ese volumen, sintió como si se le desgarrasen las carnes, que "cuando entró en la cárcel halló en ella un lío de trapos y desliándole halló una pluma y unos algodones en él; y cogió dichos algodones y los

146

echó en una cáscara de naranja y los mojó y les echó algún carbón molido" y que así fué como se hizo de tinta. Ésta es la carta emocionada que escribió para su querida esposa; era como su disposición testamentaria:

✝

Jesús-María.

"Señora de mis ojos: No podré en tan corto papel significar los tan grandes sentimientos que yo tengo, que lo de menos es estar solo. El darte cuenta de todo es imposible. Lo que puedes juzgar es que el tiempo que dedicaba para la cobranza, es el que se ha perdido en mi prisión, habiendo en dos años granjeado con puro trabajo la voluntad del Gobernador mi amo, en orden a que me mandase pagar. Ya estando en estado, como ya lo sabes, ajustadas las cuentas, fui preso. Ni sé si enemigos ocultos o declarados, como son Francisco de Haro, por el plomo de China, por ser tiempo de hacerlo, él y Diego Morillo, trazasen esto; o que de parte del Obispo don Pedro Barrientos, por ser su hermano don Diego de Barrientos, por la tasación, o vista de ojos, que hice a las casas que está labrando Cristóbal de Osuna, porque aquel día se me mostró, habiendo dado mi parecer al alcalde de Corte, que se había de vengar de mí; o sea Luis de Trasmonte, que como quiere casar, ya lo sabes, con la hija de Barrientos, haya ordenado esto; otras, digo que Matías de Oliveira, que es enemigo mío por cierta dependencia entre los dos, o que algunos de los que quieren ser maestros mayores; o alguna mujer, que por no hacer caso della, en orden de venganza, hayan levantádome algún falso testimonio; o ya por el haber querido, a petición de Fray Juan de Ubilla, saber quién había de ser provincial; y es cierto que de haberlo hecho, le dije que no hiciera caso dello, que como podía ser, podía dejar de ser; ello fue como cosa de juego, y me ha salido bien caro y penoso, y tanto, que te prometo que estoy desconsolado, porque ha cuarenta días que no oigo misa, cuando un día me parecía muy gran desgracia. Y así tú y las dos niñas me oigan cada día su misa y me encomienden a Dios, porque ni un confesor que he pedido, me lo quieren conceder. Yo en mí he visto señales, fuera de ser este año climatérico para mí. Me han dado punzadas en el pecho, donde me di el golpe con la espada, cuando caí del caballo; en fin, si esto fuere, ampara a esas dos, que Dios te lo pagará; y sirva esto de testamento, y me doy a Dios y el cuerpo a la tierra".

También escribió a unos alarifes de la fábrica de la Catedral dándoles las instrucciones precisas de cómo deberían seguir la obra y de labrar unas piedras que urgía terminar para encima de la sotabanca de la cornisa cuyo dibujo les mandó bien delineado.

Pero estos papeles no llegaron a las manos a que iban destinados, sino que fueron a dar a las de los inquisidores, quienes los mandaron agregar a la causa que se le seguía tan lentamente, al infeliz arquitecto bibliófilo.

★ ★ ★

Pasaba el tiempo y a toda prisa se le iba yendo la razón al Maestro Mayor de las obras de la Catedral, daba a diario vivas señales de haber salido de juicio, pues no hablaba sino desaciertos y desvaríos. No llevaba pies ni cabeza en cuanto decía. Rindió una declaración que pone de manifiesto habérsele ido el entendimiento, quedándole una notoria perturbación de los sentidos. "Que habrá dos años que don Sabiniano, que no se acuerda del sobrenombre, que actualmente es Gobernador de China, llegó a esta Ciudad, cuando iba al dicho gobierno, y le pidió unos libros de fortificaciones y de escuadrón... y le dió... un poco de oro, y una medida de la muñeca de su brazo, para que le hiciese fabricar una manilla... también le dió un librito pequeño encuadernado, que al principio dél estaban unas letras impresas, que no decían nada, pero separadas unas de otras, y las oraciones que se contenían en dicho librito, comenzaban cada una por una de dichas letras, para que hiciese poner en dicha manilla, por de dentro en la parte que tocaba a la carne, dichas letras; y... le ejecutó por mano de un platero... y... hizo del oro que resultó de la manilla, por mano del mesmo artífice, una sortija con las mesmas letras puestas por de dentro, que ha traído desde dicho tiempo en el dedo índice de la mano siniestra, y le puso una piedra que le dió su mujer, la que es amatiste, la cual exhibe y demuestra... y dicha piedra de dicho anillo la dió a su mujer María de Espinosa, mujer soltera... la cual ha entendido que está presa en el Santo Oficio; ... y ayer tarde y noche, le dijo la dicha María de Espinosa y otras mujeres... le hablaron y le dijeron muchas cosas; y que no sabe si eran ángeles o eran mujeres o espíritus que representaban la voz de las mujeres".

Tras de un lento crepúsculo se hizo noche en aquel cerebro. Desvaríos, imaginaciones. La locura lo había tomado. Todo lo que pensaba no eran sino cosas vanas y sin fundamento. Era tal la condición del desventurado hombre que se conmovieron los duros inquisidores y mandaron que "por estar con demasiada melancolía, con alguna lesión en la imaginativa", le daban un compañero de cárcel y le escogieron para que lo acompañase a un tal Diego de Cedillo, mestizo, "para que alivie su melancolía y tenga su divertimiento, con el cual pueda tratar de diferentes cosas... y que esté con él con toda paz y modestia y no hablen alto ni hagan ruido, de suerte que sean oídos de los demás presos".

★ ★ ★

Pérez de Soto pareció alegrarse con la compañía que le regalaba la piedad de sus jueces, tan austeros y rígidos, y al atezado mestizo también le pareció muy de perlas estar acompañado. Pero el 17 de marzo se presentó temblando, lleno de azoro, ante Sus Señorías los inquisidores el alcaide Diego de Almonacir, a manifestar, con palabra entrecortada, que esa misma "mañana, a poco más de las siete, fué a visitar las cárceles, y habiendo abierto la cárcel donde ayer fue preso Diego Cedillo, mestizo, en compañía de Melchor Pérez, que estaba en ella, vió al dicho Cedillo, con sangre en el rostro, y preguntándole que qué era aquello, respondió que había muerto a aquel hombre que estaba allí, que se entiende el dicho Melchor Pérez; y preguntándole cómo o de qué manera, dijo que el dicho Melchor Pérez apagó la vela, siendo de noche, y se le llegó a su cama de él estando dormido, y le asió por los gaznates para quererlo ahogar y que él, como despertó, embistió con él, y anduvieron bregando hasta media noche; no dijo desde qué hora se comenzó la pendencia, sólo dijo que duró un gran rato, y que, andando bregando encontró una piedra dicho Diego Cedillo y que con ella dió y mató a dicho Melchor Pérez; y viéndolo este testigo tendido, al parecer muerto, a un lado de la cárcel, conviene a saber, al pie de la mesma cama, y viendo ensangrentada la dicha cama, volvió a cerrar y ha venido a dar cuenta". El alcaide enjugábase el sudor que le manaba de la frente.

Bajaron apresurados los inquisidores, don Juan Sáenz de Mañosca y don Bernabé de la Higuera en compañía del alcaide y del portero, a examinar el cadáver. Penetraron en la lóbrega celda marcada con el número 24, que era la que ocupaba el arquitecto en el tétrico patio de los Naranjos. Mandaron Sus Señorías sacar del calabozo al Diego Cedillo "el cual tenía ensangrentadas las manos y el rostro", engrillado lo mandaron poner en una bartolina y se dieron a examinar con nimio detenimiento el cadáver de Pérez de Soto, a quien "a todo parecer pareció estar muerto, yerto, y con muchas heridas y golpes en la cabeza y debajo de la barba, por cima del tragadero, hinchado el rostro y la garganta, y acardenalado todo, en especial un ojo; y toda la cama, almohada, sábana y colchón lleno de sangre, y también lo estaba la pared, hacia los pies de la cama, aunque al lado della, el cuerpo caído al pie de la mesma cama. Y la vela estaba puesta en un candelero de barro, enfrente de la puerta poco gastada; y al pie de dicho candelero un guijarro al parecer todo teñido en sangre". El difunto estaba bañado de amarillez y con toda aquella sangre y aquel cadáver era más lóbrega y pavorosa la celda. El agua de la fuente cantaba, reía, entre un vasto silencio.

Se amortajó al muerto con un pobre hábito del Carmen y entre dos velas de cera lo depositaron en las cárceles viejas. La muerte le había puesto una apacible serenidad en el rostro. Al atardecer se le dió parte al cura semanero de la Catedral para que procediese al entierro del cuerpo de aquel desdichado reo, tierra le había de dar en el convento de Santo Domingo y en el lugar que allí señalase el Padre Prior. Al acabar la tarde, lenta y dorada tarde de marzo, se presentaron cuatro clérigos con la cruz alta de la Catedral y un miserable ataúd de pino teñido groseramente de negro, en él se puso el cuerpo de Melchor Pérez de Soto, se le condujo en hombros de los porteros del Santo Oficio y se le enterró "frontero a la capilla y altar de Santa Catalina de Sena, en medio del cuerpo de la iglesia" del dicho monasterio de nuestro padre Santo Domingo.

Se ordenó con fecha 20 de marzo, que la ropa de Pérez de Soto se lavara y que después se mandase entregar a su esposa, pero sin "decirle si es vivo o muerto", y que respecto a los libros que se le tomaron en el secuestro, se examinaran uno a uno con cuidadosa atención, a fin de retener los prohibidos junto con los que solamente necesitasen correcciones, y que el resto se devolviese, pero que si la suma depositada por Melchor no era suficiente para cubrir los gastos, lo que faltase para éstos, se le pasara a cobrar a su viuda doña Leonor de Montoya.

Los inquisidores afirmaron que esos malditos libros fueron los que le habían vuelto el juicio, pero, en realidad, la prisión fue la que remató con su seso. La infeliz señora se demudó toda al recibir los atados de ropa. Se le quedaron los miembros helados y no parecía sino que estaba en el último boquear. Comenzó la viveza de sus ojos a amortiguarse y "dando muchos gritos decía que pues le remitían con tanto cuidado la ropa de su marido, sin duda era muerto, y se cayó desmayada sobre el colchón que se le llevó".

El día 5 de abril presentóse ante los inquisidores el alcaide Diego de Almonacir y declaró, turbado y trémulo, que esa misma mañana "a poco más de las siete, fue a dar de almorzar a los presos en compañía de Diego Pérez Rivero, portero que... le ayuda, y habiendo abierto la puerta primera de la cárcel, donde está preso Diego Cedillo, mestizo, habiéndolo llamado para darle el almuerzo, no le respondió; y que habiendo abierto la segunda puerta, y entrado en dicha cárcel, vió, también juntamente con el dicho Diego Pérez, que el dicho Diego Cedillo estaba ahorcado, pendiente de un paño blanco que había atado a la primera reja de dicha cárcel, y que para certificar mejor, el dicho Diego Pérez tentó el paño de donde estaba ahorcado el dicho Diego Cedillo y dijo que estaba muy duro aquel paño y muerto el dicho Diego Cedillo".

Esto lo confirmó en todas sus partes el portero, quien afirmó, además, que vió a Cedillo "como medio hincado de rodillas". Como en Coyoacán viviese a la sazón el visitador don Pedro Medina Rico, le mandaron pedir precisas instrucciones sobre el caso; que el "Tribunal hiciese las diligencias necesarias", fué lo que contestó ese señor.

Descendieron los inquisidores a las cárceles junto con el cirujano, el notario y el portero, ya cerrada la noche y alumbrándose con una triste vela, hallaron el cadáver del mestizo, tal y como declaró que estaba, el alcaide Almonacir y el portero Pérez Rivero, tan puntual y exacto, "comprimido el epiglotis con lo que murió sofocado" y "casi en cuclillas, dobladas las piernas, para hacer peso". Se le enterró en una zanja que abrieron dos indios bozales en "el corral de la limpieza" y se le recogió del cuello un cristo de plata, "de poco más de un jeme", que fue de la propiedad de su víctima Pérez de Soto.

¿Cuál fue la causa determinante de aquel asesinato? ¿Hubo entre el demente y su compañero de celda alguna disputa agria que degeneró en riña y en la cual llevó la peor parte el Maestro Mayor? ¿Se le acrecentó por sus términos el frenesí al arquitecto y por defenderse el mestizo le quitó la vida? ¿Acaso éste quiso robar al desventurado hombre y para llevar a cabo esos malos propósitos determinó darle muerte? ¿Y lo mató usando del crucifijo como arma, o con algún instrumento agudo de hierro o bien con "piedra esquinada que pudiese cortar", como opinaron el médico y el cirujano del Santo Oficio? ¿Y Cedillo se suicidó empujado por los remordimientos, o fué, tal vez, porque lo tomaba a tiempos la locura contraída acaso, por el largo encierro? Ante todo esto enmudece la habilidad de todos los sentidos, sólo Dios lo supo, Dios y ellos, o sólo Cedillo, porque el Maestro Mayor andaba extraviado por los brumosos senderos de la locura.

A fines de ese año de 1655, el 4 de diciembre, la triste doña Leonor de Montoya pidió que le fuesen devueltos los libros de su marido que no estuviesen prohibidos, especialmente "un libro cuyo autor es Argote de Molina y las *Efemérides Modernas*, porque había quien los comprase y "los demás —agrega la pobre señora—, quiero vender por papel viejo porque me parece cantidad considerable y me hallo muy necesitada".

¿Realizó o no realizó este tremendo propósito la viuda menesterosa? También sólo Dios lo sabe. Se acabó de modo lamentable lo de Melchor Pérez de Soto, lo que más quería, lo que era casi la razón de su existir. Transitoria vida la de las cosas. De ellas, dice Jorge Manrique, en una de sus celebradas coplas, destruye la edad, de ellas casos desastrados que acaecen. Y así y todo es más larga su existencia que la del hombre, que hoy es y mañana no aparece. Pasa y no deja señal de su tránsito y la que queda, cuando queda, el tiempo inexorable, fatal, la va debilitando poco a poco, al fin la borra. Todo termina, pasa como agua ligera de río. Pobre vida nuestra, lo que es.

153

DELITO SIN CASTIGO

Día 8 de marzo de 1743. La calle de San José el Real estaba llena de gente que hablaba con viveza, con agitación. Se arremolinaba la multitud frente a la Casa Profesa; muchos querían penetrar en la portería y abríanse camino con los codos, desesperadamente. En cada boca estaba una ansiosa pregunta, una suposición o un comentario indignado. Aquel gentío era curioso de saber el cómo y el por qué había sido muerto el Padre prepósito, don Nicolás Segura, individuo de arrogantísima condición.

Nada más gente curial era la que entraba o salía de la Casa Profesa, y tras ella quedaba cerrado el alto portón lleno de charnelas y de anchos clavos de cobre, muy torneados de cabeza, y con su gran llamador: una mano enjuta de santo con una biblia que golpeaba en la cabeza cornuda de un diablo de feísimos ojos bizcos. La muchedumbre estaba tendida, rumorosa e inquieta, hasta por la calle de San Francisco y por la del Arquillo; la de San José el Real, hasta el convento de las madres clarisas, estaba pletórica, y mezclando el gentío lo conjeturable con lo cierto, bullía con un ardor terrible. Los que iban a misa o volvían de ella satisfechos, o marchaban a sus negocios cotidianos, se detenían en el acto al ver aquel gentío, indagaban la causa de la agitada aglomeración, y con las medianas noticias que iban adquiriendo, se encendían de ansiedad y las iban a vaciar, afanosos, en otras partes de la ciudad, con el gusto sibarita de despertar curiosidades e inquietudes.

Poco, muy poco, se sabía de aquel aleve asesinato que consternó tanto a la ciudad. Amaneció el Padre don Nicolás Segura en su habitación, llena de libros raros, muy preciosos, de henchidos cartapacios, de cartularios curiosísimos, amaneció "muerto a palos, a heridas y sofocado". Lo asaltaron en su cama estando dormido a sueño suelto. Las indagaciones de la justicia no encontraban al malhechor; no se sacaban en limpio ningunas verdades. No se encontraba ningún hilo, por más que se le buscara, para dar con el ovillo; pero, al fin, los puso sobre el camino seguro el dicho del hermano portero, Juan Ramos, que, al ser interrogado, dijo con socarronería: "En el monte está quien el monte quema". En el acto XVI de *La Celestina*, se lee: "Del monte sale quien el monte quema", proloquio que avisa que los daños que se experimentan suelen proceder de los domésticos y parciales.

Así, con este refrán que echó en la oreja de los curiales, daba a entender el muy cazurro que el asesino era de los de la casa. ¿De la Santa Casa Profesa? ¡Ave María Purísima! ¿Cómo fue a meterse el maldito diablo en aquel pío y santo lugar? ¡Horror! ¡*Anathema sit*! Los dichos y comentarios volaban incesantes por la ciudad. Se gastaban los mejores ratos diciendo de ese nefando crimen. En todo México no se hablaba más que de esa muerte y de los hechos y vida ejemplar del sabio Prepósito de la Profesa.

El Padre don Nicolás Segura era poblano de nacimiento; muy joven ingresó en las milicias ignacianas y se vió, en un punto, subido en altísimo grado de honra. Leyó varias cátedras en su colegio de México, el Máximo de San Pedro y San Pablo; fué rector en varias casas de la Compañía, secretario de la Provincia y procurador de su instituto en España, y en Roma, por su saber, por su delicada habilidad; era ladino en negocios temporales, y cuando tornó a México, se le nombró prepósito de la Casa Profesa.

Muy eminente era en saber y en virtudes el Padre don Nicolás Segura. Velaba sobre los libros sagrados, y prefería tan importante estudio a cualquier descanso. Cultivaba el genio excelente con las artes estudiosas. Diez gruesos tomos en folio publicó con sermones; después sacó de estampa varios libros hagiográficos, otros de comentarios teológicos y algunos de defensas canónicas, ya en latín, ya en elegante romance; compuso devocionarios muy devotos y también compuso versos en los que ponía su donoso, su dolorido sentir. Su trabajo era escribir; su reposo, estudiar. Él no buscaba aplausos ni estimación; era humilde y sencillo; jamás voló con vanagloria, ni pretendía que se publicase su virtud. No era de esos que dan por un viento de alabanza un peso de gloria y andan, como camaleón, con la boca abierta tras el aire popular.

Pero cinco días después de la muerte del Padre Segura se perturbó mucho más la ciudad, se llenó de enorme asombro. Todo el mundo estaba atónito, espantado del caso, y, al hablar de él, las lenguas eran balbucientes y tartamudas. El hermano portero, Juan Ramos, que dijo con retintín de malicia aquello de que "en el monte está quien el monte quema", apareció una mañana —11 de marzo— ahorcado en su aposento, con tamaña lengua de fuera. El virrey don Pedro Cebrián y Agustín, conde de Fuenclara, ordenó que se hicieran con la mayor actividad todas las indagaciones para descubrir cuanto antes al malhechor y no dilatarle el castigo, a fin de que llegara el escarmiento adonde llegó el escándalo. Todo México estaba lleno de indignación y quería que se aplicara pronto la pena al asesino. La culpa hacía pequeño cualquier castigo.

Fueron a la Casa Profesa los más hábiles alguaciles, los que huelen lo que se guisa hasta cien leguas de distancia de la cazuela de la fritanga, y a poco de escudriñarlo todo minuciosamente, encontraron vagas manchas de sangre en la camisa, armador y calzones de José Villaseñor, coadjutor temporal de la Compañía, y sin más averiguaciones, le pusieron grillos y lo llevaron en volandas al Colegio de San Pedro y San Pablo, en donde lo encerraron en un separo. La gente deseaba que se le condujera inmediatamente a la horca para que santiguara al pueblo con los talones por el baileteo que iba a dar al hallarse suspendido de su graciosa corbata de ixtle: pero se le abrió proceso, y la ciudad se desconsoló porque ya así, por entre las leyes, no irían las cosas con la rapidez deseada. El juez eclesiástico fué el prepósito provincial, don Cristóbal Escobar y Llamas; el asesor, don José Messía de la Cerda y Vargas, del Real Consejo de Su Majestad y alcalde decano de la Real Sala del Crimen, y al sabio Padre don Francisco Xavier Lazcano se le nombró defensor del delincuente. Declararon muchos testigos, y Villaseñor presentó su descargos, extensos, confusos.

Se puso muy en claro que este tal José Villaseñor y Juan Ramos le tenían cordial aborrecimiento al Padre Segura; que en viéndolo se les quemaba la sangre. Se les abrasaba el corazón a los dos con infernal odio. Malsinaban del Prepósito públicamente y le levantaban constantes falsos testimonios; escupían hasta su nombre y lo abominaban.

Se demostró que José Villaseñor era muy amigo de individuos que le servían de maestros de maldad, con los que daba larga rienda al deseo, y hasta solía meterlos en la Casa Profesa, ya de noche, recogidos todos los padres, y que era de "genio osado, ánimo doble, sixoso con los hermanos, irreverente con los sacerdotes". Guiaba la maldad con gran disimulación; vivía sin rienda y era muy dado a beber aguardiente con demasiada frecuencia, que lo hacía pasar muy adelante en su locura. Cuando fué despensero gastó en mil abominaciones los dineros que estaban confiados a su cuidado, y, además, decía en público, sin ningún recato, maldiciones y pésetes horribles en contra de la Compañía de Jesús, con su acostumbrado desapoderamiento en el decir; en fin, eran tantas y "tan malas sus costumbres, que hacía dos años que no se confesaba".

Empujado Villaseñor por su aborrecimiento al Padre Segura y unido, siniestramente, con el de Juan Ramos, resolvió, el muy canalla, asesinarlo. Al portero Ramos, el mismo día del crimen se le encontró la llavecita del reloj de ceboneta que usaba el Prepósito y, días después, la carátula y una redoma de bálsamo que el mismo Padre confeccionaba para su reuma pertinaz; también se le hallaron ocultas algunas alhajas que fueron de él y que todos los de la casa le conocieron muchos años como suyas. Villaseñor ahorcó al portero por el temor de que lo denunciara. En su muerte enterraba la verdad. Cuando apareció asesinado el Padre Segura, no estaba afligido, ni menos con susto, sino que hacía apariencias admirables; con gran sosiego andaba haciéndose el mojigato, el suave y el muy dulce. Era una bestia afeitada, un simio embarnizado brillantemente. Hasta con la lengua hermoseó halagüeñas palabras en loor del Padre Segura. Se vistió el lobo del pellejo de la oveja. Sabía fingir con buen arte, a las mil maravillas.

Cuando se halló muerto al Prepósito y todos los padres y hermanos comentaban consternados en el locutorio el espeluznante suceso, José Villaseñor comía tranquilo, sin decir palabra, como si no oyese de lo que se trataba; y cuando los jueces acudieron, se hizo con ellos el muy comedido y no se les separaba, "procurando con muchos artificios inclinarlos a que discurriesen y creyeran que un mozo llamado Mateo, que en otra ocasión había querido robar, y, con efecto, había robado al mismo Padre Prepósito, había sido el perpetrador del homicidio"; y con muchos ardides, de los que era fecundo, no los dejaba hablar con Juan Ramos, y, además, fué el único que dormía solo en su cuarto, pues todos los de la casa buscaban mutua compañía, juntándose unos con otros por el temor y desasosiego que tenían; sólo José Villaseñor se quedaba sin acompañantes y ni siquiera los solicitaba, "y con las puertas sin cerradura ni afiance, como lo notaron los dispertadores, que únicamente lo hallaron bien encerrado la mañana en que amaneció muerto Juan Ramos".

Hasta el 27 de agosto del año siguiente, el de 44, se dió sentencia en esta causa. Después de haber examinado minuciosamente testigos y más testigos de largos y abundantes alegatos del defensor, y del parecer del asesor, puso el juez como resolución final que "lo sentencio y condeno en la pena que sirva por espacio de diez años en las galeras de Su Santidad y que sea apartado y separado del cuerpo de mi sagrada religión como miembro dañado y encancerado para que no contagie e inficione a los demás, expeliéndole, como en lo que es de mi parte lo expelo, para siempre de la Sagrada Compañía de Jhs.; de cuya ropa y de todos y cualesquiera privilegios, gracia, prerrogativas y exenciones le despojo y privo. Reservando, como reservo, la ejecución de la actual expulsión y lo demás al prudente recto juicio de nuestro reverendísimo padre prepósito general, a quien se le dé cuenta, en primera ocasión, con testimonio de esta causa, remitiéndose, asimismo, a dicho hermano José Villaseñor con toda guardia y custodia, despojado materialmente de la ropa de mi sagrada religión; y para que así se practique y no haya estorbo ni embarazo, y sea la remisión con el seguro correspondiente, se impetre el real auxilio, que se pida al excelentísimo señor virrey de este reino; lo cual por esta mi sentencia definitiva, en el mejor modo que por derecho pueda y deba, así lo pronunció, mandó y firmó con parecer del señor asesor don José Messía de la Cerda y Vargas. —*Cristóbal de Escobar y Llamas.*—*José Messía*".

El Padre don Francisco Xavier Lazcano, el defensor, apeló en el acto de esta sentencia, y pidió que se le diese a Villaseñor por compurgado su delito con el tiempo que ya había estado preso. Pero, a pesar del gran empeño del virrey, conde de Fuenclara, y "a pesar de las exquisitas diligencias de la justicia, no vió México el castigo de tamaño delito"; lo que sí vió, con gran asombro, poco tiempo después, fué al tal José Villaseñor paseándose muy risueño, campante y tranquilo por la ciudad, sin que nadie lo molestara ni en lo mínimo.

PAGAR BIEN AL QUE SIRVE BIEN

Don Francisco Antonio de Aristimuño era un terrible capitán o juez de Acordada. Fué el cuarto con ese cargo desde que se fundó el temible Tribunal. Ocupó el puesto desde el año de 1774 al de 1776. Durante este tiempo encarceló a una infinidad de bandoleros y a otros muchísimos los hizo subir a la horca que tenían bien ganada por sus nefandas fechorías. Servían de espectáculo a todo el pueblo, también de ejemplaridad para que con su castigo aprendieran el suyo los que delinquían. Este castigo era buen escarmiento y enseñanza. Limpió los caminos de bandidos, desenvainando contra todos ellos la firme espada de su rigor. Era don Francisco Antonio de Aristimuño severo y duro con los malos. No les dilataba jamás la pena que estaba siempre proporcionada al delito que cometían.

Los viandantes ya podían transitar con sosegada tranquilidad por todos los caminos sin temor alguno de ser asaltados. De tierras lejanas venían a México sin recelo de enemigos las diligencias, los birlochos, los pesados coches de camino —a unos de éstos se les llamaba forlones, a otros, berlinas—, los que hacían la vía a caballo, los pobres que transitaban a pie, las conductas, ya de carros o ya de arrias, que andaban yendo y viniendo por toda la ancha Nueva España. No salía al encuentro de los viajeros ningún asaltante que los robara brutalmente o les quitase la existencia. A los facinerosos sí que con tenaz empeño los perseguía Aristimuño con sus valientes hombres, o bien se los traía a México atados a la cadena para echarlos en la cárcel de la Acordada, que era como decir a la muerte, o se las proporcionaba más pronto y de manera más fácil, sin grandes dilaciones, en el campo mismo en que los aprehendían; en una simple hojilla de papel borrajeaba el escribano a toda prisa unos cuantos renglones que eran todo el proceso, inclusive la segura sentencia capital. Ya con esto le ajustaban al delincuente con nudo ciego la soga a la garganta y con ella también le añudaban la vida y dejábanlo colgado de la rama de un árbol a la orilla del camino, bamboneándose gentilmente a todos los vientos.

A pesar de estos rigores, de tiempo en tiempo, y casi en los mismos aledaños de la ciudad, había sangrientos asaltos a las diligencias por el camino llano de Toluca la fría, por el de Puebla, por la carretera de Pachuca y por las cercanías de Tlalnepantla y Cuautitlán. No se daba con los salteadores que tal hacían, por más que los de la Acordada esculcaban los bosques y montañas. Ojo de hormiga volvíanse los malvados. Se decía que esas hazañas se debían a la partida de Macario Trigueros, apodado el Urraco por su color prieto retinto que es el de esos pájaros alborotadores. Se contaba y no se concluía nunca de decir sus desenfrenos y bizarrías, así como de los robos y muertes que cometía con sus secuaces este desalmado bribón. Faltaban dedos en las manos para enumerar los seres que el nefario Trigueros había sacado cruelmente del mundo. Todo era desaforado y desmedido en este hombre y por eso la gente lo envolvía en luces diabólicas.

Este sombrío bandolero fué siempre hombre de riesgo y ventura. Durante todos sus años procedió licenciosamente y con escándalo. Nunca tuvo ordenado comportamiento. De joven fué siempre desgarrado; se entregó a la huelga, al vivir rufo y picaresco. Trataba con pelafustanes y maleantes de toda laya y toda broza, con socorridas y gordeñas. De grande siguió metido muy a gusto en pandillas de gente maleante. Era audaz y valentísimo; herido aún y con las tripas de fuera, callaba como bueno. Era despabilado, inventivo, fecundo en trazas, y así la Acordada ni nadie le podía echar mano. Hacía una fechoría y parece que a él y a los de su terrible carpanta se los tragaba la tierra, porque no aparecían por ninguna parte. A poco tornaba a sus correrías y bandidajes. Los de su partida andaban muy seguros con él porque se fiaban de sus fértiles arbitrios y recursos; creeríase que a la banda ya le tenían tomados los pasos, que sin remedio la iban a aprehender pero se zafaba bonitamente del garlito y continuaba en sus ladronicios. Seguía salteando y robaba en despoblados y caminos.

Macario Trigueros era alto, recio, de arrogante postura, arriscado bigote y alto copete. Su mirar, siempre fosco y atravesado, tal y como debe de ser el de un buen bandido que se respete en algo. Traía a menudo fruncida la frente en señal de desabrimiento o ira. El rojo costurón de una cicatriz le atravesaba todo un lado de la cara, lo que más acentuábale su aspecto de dureza y ferocidad. Montaba con gallardía; de un salto ahorcajábase en el caballo y con fuerza y gracia lo regía. Tenía el genio agrio y las palabras cortas.

Lo obedecían sin chistar todos los de su cuadrilla; ninguno de esa trulla se atrevía a atravesarle ni un tímido "no", ¡pobre del que lo hiciera!, pues era bien sabido a dónde iba a parar: ardía bravo y feroz el castigo. Siempre teñía éste con mucha sangre. Si alguien se le insolentaba, al momento apaciguábalo con la contundente réplica de un certero metisaca de su puñal en parte noble, o ya con los convincentes argumentos de su pistola, bien apuntada, con la que enviábale a la cabeza una bala, eficaz dialéctica de plomo, que dejaba al instante bien persuadido, sin que tuviera que discutir cosa alguna, el que se atrevía a alzarle la voz. Con esos razonamientos muy bien silogizados, en el acto le bajaba a cualquiera la golilla.

Sabíase que Macario tenía una manceba en Coyoacán, con quien se juntaba muy a menudo, y hasta se dijo que pasaba días y días encerrado en su placentera compañía y que se puso tan a los antojos de ella que hilaba por su mandato. Con esta trampa quisieron cogerlo, pero ella, que también era arriscada y muy de pelo en pecho, y quería a su coime, le puso luego en el oído que Fulano de Tal le ofreció dinero porque lo entregara para matarlo como a perro con la rabia. El proponente amaneció un día acuchillado en un callejón de atrás de la parroquia. Entonces le prepararon al Urraco otra treta. Sería un cuatro infalible.

Cuando Macario llegaba a Coyoacán, después de alguna de sus cruentas correrías, se ocultaba en un lugar muy secreto, de nadie sabido más que de su cohermano Melquíades, segundo de la banda. Éste llevaba de noche y con apretada venda en los ojos a un tal Remigio Luviano, maestro rapista del lugar, buen hombre, hablador y refranero, al escondrijo de Macario para que lo afeitara, pues que siempre se presentaba a su rijosa amasia muy limpio, acicalado y compuesto, como si fuese a un sarao de gente principal. El fígaro, en sus habituales habladurías, había referido esto con gran sigilo a un su amigo, quien también con jurado secreto lo contó a otro, y éste, a su vez, a otro más, y así, de boca a oreja, la preciosa noticia llegó a la Acordada, que no perdió la ocasión oportuna. Con halagos y amenazas, lisonjas y promesas al barbero, otorgó éste fácilmente con lo que se le pedía.

Una sonochada el habladorísimo maese punteaba su guitarra, canturreando con buena voz una quejumbrosa cancioncilla de amores, cuando llegó a su oficina el tal Melquíades, el dicho primo hermano del audaz bandolero. Remigio Luviano ya sabía bien para qué se le necesitaba. En una bolsa de cordobán puso en un santiamén los preciosos menesteres de su oficio, navaja, bacía, jabón, asentador, el listado lienzo de cotanza, el peine de cuerno, la bola de cristal para abultar las mejillas y facilitar la rasura, el frasquete con agua de fuerte olor que espurriaba en el rostro como buen remate de su trabajo peregrino.

Le anudó Melquíades al rapista un lienzo sobre los ojos para que éste no viese el camino que iban a llevar, ni menos aun la casa en que se ocultaba el terrible salteador de todos tan temido. Melquíades condujo al maestro Luviano por callecillas y largos callejones de bardas, haciendo rodeos y más rodeos para mejor desorientarlo, y al fin, tras de mucho andar, llegaron a la casucha en la que se escondía Macario, quien ya aguardaba al barbero y entretenía la espera examinando a la luz de una churretosa vela de sebo unas preciosas alhajas con mucha pedrería que apandó en el último asalto a un forlón en que iban hacia Querétaro dos ricos señorones, de esos muy linajudos, graves y pomposos.

—Ande, empiece y concluya pronto, que tengo prisa en que termine.

—En el momento acabo, señor Macario. Hace mucho tiempo que no tenía el gusto de verle. ¿Ha estado bien su merced? Sí, ya se ve que está usted bueno.

—¿Y si lo ve, para qué lo pregunta?

—Señor Macario, yo...

—Cállese, comience ya. No hable.

Principió el lenguaraz rapista sus operaciones con toda prontitud y esmero, callado como un santo. Bañó bien las mejillas con el agua de la bacía, les untó jabón y movíalo con la punta de los dedos con diestra habilidad para levantar espuma, y en seguida se puso a correr la filosa navaja, pero de pronto le empezó a temblar la mano, estaba el hombre todo titubeante. Asentaba la navaja, pasándola y repasándola rápidamente en el pedazo de cuero mantecoso, propio para este menester; después hacía esa misma operación en la palma de la mano, volviendo con prontitud la hoja de un lado para el otro, y tornaba a raer la cara de Macario; y su mano, que era diestra, de nuevo andaba torpemente vacilante. Estaba pálido Remigio Luviano y quería tragar con gran esfuerzo algo grande que no tenía en la boca.

—¿Qué le pasa, maestro?

—Señor Macario, yo no puedo más...

—¿No puede qué?

—Matarlo a usted, señor. Me obligaron a que le diese muerte; cuando anduviera mi navaja por su cuello debería de hundírsela en la garganta y degollarlo. Francamente, no debo hacer esto, no puedo convertirme en criminal. ¿Yo, asesino? ¡Ay, no, no, mil veces no! Créame, le juro señor Macario de mi alma, por el santo de mi nombre, que me comprometieron esos malditos, a quien Dios confunda, a hacer eso; yo no quería de ninguna manera prestarme para tal vileza, pero al fin me sacaron el sí, porque uno, ¿qué quiere usted?, es débil, de voluntad perezosa.

—¿Quiénes son esos malditos? Diga.

—Son Nicasio, el alguacil, y don Marcelo Azcárate, el de la Acordada.

—Ande, no se atarugue; siga rasurándome. Tengo prisa, ya se lo dije.

El pobre fígaro se atragantaba, muy seco de boca. Una amarilla palidez de difunto se le untó en la cara, pero con delicadísima suavidad pasaba lentamente el filo de su navaja por el rostro impávido del tranquilo bandolero. Terminó Remigio el trabajo y arrancóse un hondo suspiro del alma, llena de congoja. Le puso gustosamente al ladrón su agua de olor, que era de la apreciada de toronjil; luego, con el lienzo que tenía prevenido para el caso, le enjugó delicadamente el rostro y se lo dejó más limpio y lustroso que el del señor arzobispo. Después de arriscarle con mucho tiento los bigotes como de tártaro, de peinarlo con maestría y de encumbrarle más el copete que se le erguía como altivo airón en la frente, sonreíase el infeliz barbero con penosa sonrisa, viendo con ojos dulces y tierna mirada al fosco bandido.

—Ahora la paga, maestro Remigio...

Y arrebatándole Macario al asustado hombre la navaja que iba a poner ya en la colorada bolsa de cordobán, la abrió con prontitud y con mayor rapidez aún se la corrió por la garganta, y al segarla casi le desprendió la cabeza del tronco y de golpe vino al suelo el cuerpo muerto, bañado cruentamente en su sangre. Con la abundante que derramaba a borbotones se veía anegada la habitación. No quedó gota ninguna dentro de él. Macario se limpió las manos con la mayor calma del mundo; luego se tomó con entrambas las solapas de la chaqueta, tiró tres veces de ellas para, muy presumido, acomodársela bien sobre los hombros y ajustarla al bombeado busto, y muy enhiesto y tranquilo salió de la habitación retorciéndose la vírgula del erguido bigote.

Al día siguiente, junto a la entablerada y ancha puerta de la capilla del Calvario, que se alzaba entre la Alameda y la sombría Acordada y en cuyo atrio se daba sepultura a los cadáveres de los criminales muertos por justicia, apareció apuñaleado don Marcelo Azcárate. Le pasaron el corazón de claro en claro. En su casa de Coyoacán, destartalada y grandona, al entrometido alguacil Nicasio Santoyo lo encontraron sus criados cosido a puñaladas; además lo pusieron por terreno a la crueldad de mil golpes con los que lo dejaron muy desfigurado en el rostro.

Don Francisco Antonio de Aristimuño frunció más el entrecejo, y salió al camino al frente de sus terribles hombres de la Acordada.

UN CRIMEN EN EL TIEMPO PASADO

La casa está en gran sosiego; silencio gratísimo hay por toda ella. Quietud, inalterable quietud. Son las primeras horas de la mañana, luminosas, claras, con el oro tibio del sol. Propicias son estas horas para el trabajo, fluyen en ellas los pensamientos con fácil agilidad, con mayor ligereza; es más fructuosa la labor en este primer tiempo del día en que la mente está despejada, tras el sueño confortante de toda la noche, muy en paz y en sosiego.

Ya se apresta a su trabajo diario el señor licenciado don Mauricio de Medina; ya se halla ante su mesa de renegrido nogal; ya ha revisado, una a una, sus plumas de ave, largas y blancas, bien tajadas están todas ellas; toma la vejiga en que se guarda la negra tinta de huitzache, la escritura con esa tinta durará clarísima, negrísima, luengos años, primero se acabará el papel antes que ella pierda su intenso y precioso color; deja correr un poco de esa tinta, oprimiendo levemente la parte inferior de la vejiga para que salga el líquido por el cañuto de carrizo que tiene atado a la boca y cuidadosamente llena el señor licenciado hondo tintero, azul y blanco, de loza poblana; se convence en seguida el licenciado don Mauricio de Medina que hay suficiente marmaja, sacudiendo la salvadera de cobre muy pulido, llena de brillos.

Se arrellana después, satisfecho, en el sillón de ancho y blando regazo de cuero rojo, de vastos brazos y muelle respaldo con tachones dorados. Lee un poco en un grueso expediente que toma de un rimero en el que se apelmazan otros varios legajos, lee un poco de aquí y de allá en ese cartapacio, pasa algunas hojas que hacen un ligero ruidecillo al irlas volviendo, toma en tirillas de papel rápidas notas, pasa la vista por otras y otras páginas, todas ellas con esa revesada letra procesal encadenada, sucesora de la itálica, tan bella. Retira el mamotreto, lee en un viejo infolio, abre en seguida una antigua codificación española en pasta jaspeada de cuero, toma de ella unos apuntes, ligerísima la mano. Vuelve a leer algo en un librillo pequeño, de rugosa cobertura de pergamino, deja esos volúmenes y acerca unas hojas de papel de Manila del que hay muchos pliegos en una sobada carpeta de badana.

Torna el licenciado don Mauricio de Medina a revolverse en su blando sillón tan cómodo, reflexiona unos momentos, durante los cuales está una de sus manos dando ligeros, leves golpecitos sobre la mesa, en tanto que con la otra mantiene en alto la pluma. Después de reflexionar estos cuantos instantes, coordinando pensamientos, va el licenciado don Mauricio de Medina a escribir la sentencia en aquella causa que está en ese imponente mamotreto de papel sellado y de la que parecía que nunca habríale de llegar el fin. Pero ya va a tener el último término ese negocio con la resolución sabia, justa, sin salirse una tilde de la ley, que va a escribir el buen licenciado don Mauricio de Medina. Escribe rápidamente unos cuantos renglones sin titubeos, sin vacilar ni en lo mínimo, pues que ya tiene esa preciosa sentencia en la mente, con todos sus pormenores. La pluma levanta un suave chirrido al ir pasando veloz por los gruesos folios, haciendo los trazos y largos rasgueos de las letras.

De repente interrumpe su escritura, alza la cabeza con manifiesto disgusto que le hace fruncir la boca con esguince violento, porque ha entrado en la habitación una sirvienta con largos, tempestuosos taconeos. ¿Quién va a poder reconcentrar el pensamiento con aquel ruido tremendo? El licenciado don Mauricio de Medina ve a la pobre criada con manifiesto disgusto y descubre que trae una gran alarma en los ojos, ojos de aldeana, fáciles al asombro. Piensa el señor licenciado que le va a referir baladíes chismorreos de la casa, enredijos y parlerías de mujeres, cosas de escalera abajo, que si el paje, que si el lacayo, que si el sota, que si la cocinera o la galopina y que si otras mozas de servir hicieron esto, lo otro o lo de más allá.

Pero no son cuentos ni hablillas de escaleras abajo los que trae esta buena, esta fiel y charladora criada de los ojazos asombrados, aún con la bruma de los paisajes de su aldea, de los ademanes parsimoniosos, del pelo tirante, liso y lustroso, recogido en ancho rodete en la nuca morena, de la falda parda de aparejo redondo, llena a lo largo de pliegues numerosos que a cualquier leve movimiento se hacen y se deshacen, de la pañoleta sobre los hombros cuyas puntas se cruzan sobre el pecho exuberante, unidas con un broche de alquimia y cuyo largo pico le cae sobre la espalda, sobre el apretado justillo de anascote.

Abre y alza los brazos la criada lentamente, con algo de litúrgico, y entonces en las manos le brillan tumbagas de plata y le tiemblan los pendientes largos, profusos, en las orejas. Con voz gimiente dice, poniendo en alto los brazos.

—Ay, mi amo, mi señor amo, corre la noticia por la ciudad de que...

—No quiero saber, Ana Petra, noticias ningunas. Vete de aquí. Déjame en mi trabajo y no me estorbes mi tiempo, anda a trajinar por la cocina en donde debes de hacer más falta que en este lugar. Vigila el hervor de la olla para que el caldo no salga endeble. Vete, mujer. Hoy, 24 de octubre de 1789, quiero dar fin a esta causa que lleva largos años de sustanciarse.

—Sí, mi amo, pero mataron a un señor junto con dieciocho o treinta personas más, dicen que la sangre corre como río.

—Acaba de una vez. ¿A quién mataron?

—Mataron al rico señor que creo que anteayer vino a cenar con su merced, no al caballero que en la mesa habló mucho de la grana y del palo de tinte, con lo que aburrió bastante, esto creo yo, a las señoras, con esas sus pláticas enfadosas, pero después sí que las alegró refiriendo un lindo milagro de la Virgen de los Remedios, tan hermosa que es. No, ese señor no ha sido el muerto, sino el otro, el del vestido verde reseda, que estuvo ponderando con muy preciosas palabras los palominos estofados y el guiso que llaman fricandó, y, sobre todo, las frutillas de manjar blanco que yo hice según una receta de mi abuela. Sabrosas cosas, ¿recuerda?

—¡Cómo hablas, mujer! ¿Entonces don Joaquín Dongo? ¿Qué le paso a Dongo? ¿Qué se dice de don Joaquín por la ciudad?

—Sí, mi amo, ése es su nombre y su apelativo, sí, don Joaquín Dongo. Pues se dice que lo mataron a puñaladas con veinticinco o treinta gentes más, criados, amigos, que estaban con él de plática. ¡Un horror! La sangre, cuentan que bajó acelerada por la escalera como si fuese un torrente, de escalón en escalón, y apenas formaba en uno de ellos ancho charco, escurría después al siguiente, haciendo tremenda laguna, y luego descendía al otro, y así por todos, hasta el patio que estaba completamente rojo. ¡Señor de Chalma! ¡Virgen mía de Monterroso!

—¿Quién te contó toda esa maldita historia, Ana Petra?

—¿Que quién me lo dijo, dice? Pues en el tianguis de San Juan no se habla de otra cosa. Oí la narración con mil y mil pormenores a Baltasar el batihoja que venía horrorizado de la calle de Cordobanes e iba al convento de San Juan de la Penitencia. Sus relatos sembraron la alarma en todo el mundo. Muchas puesteras dejaron sus tenderetes y se fueron a indagar, a ver, a la calle esa de Cordobanes. ¡Cómo estarán ahora, mi amo, de atribuladas las pobres monjitas con la tremenda narración de ese hombre! Todo lo que contó Baltasar el batihoja parecerá mismamente que uno lo estaba viendo, ¡Ay, mi amo! Refirió que el señor Dongo, Dios lo tenga en su santa gloria, tenía abiertos por puñal más de quince boquetes en el cuerpo, tan gallardo que fue.

—Llama pronto a Germán y que enganche en seguida, pues me voy a la Real Audiencia. Con ser verdad lo que tú me relatas gran trabajo se me viene encima, como si no tuviese bastante con el que ahora me agobia.

172

En esto entra en la habitación un grave señor, enlutado él, cano, parsimonioso, es el alcalde de Corte don Agustín de Emparán, temible por lo activo y estricto, pues no afloja jamás su rigor en perseguir delincuentes, los rinde con sus persecuciones hasta que los lleva a la cárcel, a la horca después. Por eso era el terror de la gente vaga y maleante.

—No me cuente, don Agustín, lo que le ha pasado a mi amigo, a nuestro amigo Dongo, ya lo sé.

—De su casa vengo ahora mismo de practicar las primeras diligencias.

—¿Es verdad que en su casa hay una gran mortandad?

—A las siete y tres cuartos me avisaron que estaba abierta y don Joaquín muerto en el patio con su lacayo y su cochero; pasé luego al reconocimiento y al examen y hallé tendido a Dongo al pie de la escalera, tenía las argentadas canas teñidas con el carmín de su sangre. Detrás de él se hallaba uno de los servidores que he mentado y el otro tirado en la parte opuesta del mismo patio. Los tres fueron bárbaramente apuñaleados. Debajo de la escalera, en la covacha, se encontraba entre un gran charco de sangre, el cadáver de otro hombre, que según informes, había sido portero de la casa, y que allí tenía habitación, Juan Francisco se llamó, y por sus largos años de servicios y sus achaques de viejo, se le tenía ya jubilado; estaba muy enfermo este desventurado anciano y esperaba la muerte, pero no en la forma aleve en que le vino. En la portería encontré el cadáver del portero José y el de un pobre indio correo que había llegado ayer tarde, según lo averigüé después, con noticias de una de las haciendas de don Joaquín. Tenía el pobre hombre el cuerpo muy destrozado. Subí al entresuelo y en una de las primeras habitaciones me tropecé a don Nicolás Lanuza, padre del cajero de don Joaquín Dongo, estaba muerto en la cama, atravesado el infeliz con mil hierros, las ropas desgarradas; casi desnudo se hallaba don Nicolás, se conoce que se batalló para darle muerte, hubo lucha, así lo indicaban los muebles tirados por el suelo. Después de este sangriento cadáver

173

encontré muertas, en distintos lugares, a cuatro pobres criadas, a la guisandera en la cocina misma, a la galopina en un pasadizo, en la asistencia a la lavandera y a la ama de llaves en otro cuarto. Once cadáveres, señor don Mauricio, todos hechos pedazos, con heridas espantosas, atravesados a puñaladas, muchos tenían aplastados los cráneos con la fuerza de golpes contundentes. Un hombre solo no pudo haber hecho aquella carnicería y matanza horrenda, fueron, sin duda, varios los que hartaron con la sangre y muerte de esas gentes su insaciable crueldad.

—Pasmado estoy del relato que os he oído, don Agustín. Se encarnizaron esos miserables como fieras hambrientas. La pena será igual al delito. ¿Pero cuándo se aplicará ese castigo?

—Qué más, señor licenciado, la saña feroz de esos malvados ni aun perdonó la vida a un perico parlero al que también dieron muerte. Estrago y horror sembraron en toda la casa de Dongo, la volvieron un lago de sangre. El robo fué el móvil. Violentaron la caja de caudales y extrajeron catorce talegas que allí había, según se vió en los asientos de los libros, se llevaron otras tres que estaban debajo del mostrador. Había descerrajados bastantes muebles, contadores, cajoneros, bargueños, sin duda que sacaron alhajas, cosas de valor, que allí había, pues don Joaquín Dongo, bien lo sabemos todos sus amigos, era muy aficionado a tener bellas, ricas joyas. Con ese crimen los que lo perpetraron, ya han asegurado a su alma en los profundos infiernos.

—¿Qué dirá de esto el Virrey? Acaba de llegar Su Excelencia a estas tierras, nueve días apenas tiene de gobierno, y creerá que crímenes de esta especie son frecuentes en la bella ciudad de México y lo harán pensar pésimamente mal de sus habitantes.

—Ya vengo de Palacio, fuí a dar noticia de este acaecimiento a Su Excelencia, pero ya estaba al cabo de lo sucedido; se lo comunicó Castro Urdiales, el capitán de alabarderos. El mismo Virrey me ha enviado a buscar a su merced, señor don Mauricio, para empezar inmediatamente las urgentes pesquisas a fin de dar, cuanto antes, con esos nefandos criminales. Quiere

Su Excelencia que se haga en ellos un castigo grande y ejemplar al aprehendérseles, pues ya sabemos, con lo poco que lleva en el mando, lo enérgico que es el conde de Revillagigedo. Me ha dicho que antes de quince días debe de estar sentenciado y juzgado el que hizo o los que hicieron, esa feroz y espantable matanza.

—Vamos a la Real Casa, señor don Agustín, mi coche debe de estar ya enganchado.

Salen de prisa los dos señores. La fámula Ana Petra se queda muy llena de azoro junto a la puerta de tallados cuarterones, desde donde escuchó la plática de los dos caballeros. Tiene los ojos muy abiertos y abierta también la boca y mantiene las manos sobre el pecho; entre el vasto silencio se oye el leve entrechocar del prendedor de alquimia que sujeta la rameada pañoleta, sobre las tumbagas de plata de sus dedos enclavijados por el horror que la sobrecoge. Se rompe la quietud, la vasta quietud de la casa, con el retumbante rodar del carruaje y tras de los largos chirridos de las hojas del portón que se cierra tras del pesado vehículo, se escucha en el sosiego del caserón, la clara y grácil canción de la fuente.

★ ★ ★

Damascos amarillos, con piñas y granadas, en las paredes; porcelanas multicolores; gran araña de cristal con mil irisaciones constantes en sus prismas y en sus almendrones; alfombra de Alcaraz; el brillo de un brasero de azofar en tachonada tarima con su pomo oloroso; cuadros en que se ve a un grave caballero o a una dama de tontillo con una flor o bien con un pañizuelo sostenido apenas por una mano que brota, larga y fina, de entre encajes, o que señala en el pecho una joya prolija; blanquean rosas en la grata penumbra de esta estancia; hay varias silletas de caderas, esparcidas con gracia por aquí y por allí, taburetes de vaqueta roja con flecos de seda y cojines terreros con caireles y borlas en las cuatro puntas; en un bufetillo taraceado de nácar, una bola de sahumar humea benjuí en hilos rectos y acelerados; en medio del estrado, con muelle alcatifa turquesca, una mesilla baja, de patas torneadas, y deshilado mantel, en la que se ven mancerinas de plata que sostienen los pocillos chinos de chocolate, frágiles, translúcidos pocillos de los llamados de cáscara de huevo, las límpidas y esbeltas copas con agua, y las salvillas de ondulado contorno colmadas de imponderables frutas de sartén, de hechura conventual, todas doradas, pero unas refulgentes de azúcar, otras recubiertas de gragea policroma, otras encaneladas, y todas deliciosas y con fragancias de paraíso.

Cinco damas lujosas, gallardas, están en torno de esta mesilla en silletas bajas. Son cinco señoras de lo más alcurniado de la ciudad de México las que se encuentran en esta elegante sala de los marqueses de Castañiza. Doña Jacinta, la marquesa, descolorida y endeble, pues acababa de salir de enfermedad peligrosa. Extirpó del cuerpo la causa interior y ya estaba en cumplida salud, reparado el gusto perdido. Le hacían buena compañía doña Andrea Torices, doña Fidela Valdovinos, doña Laureana Almonací y la enhiesta doña Longina de Arzapalo, siempre envuelta en sedas relucientes.

En el ambiente recatado y oloroso de esta elegante estancia tiene un vivo resalte el color azul, el color amarillo viejo, el violeta, el verde tenue, el rosa desfallecido, de los trajes de estas cinco señoras que acaban de tomar el chocolate, acompañado de los áureos y leves panecillos monjiles, y de beber en las copas delgadas y transparentes el agua fresquísima de las rojas, panzudas tinajas, que están rezumantes en un extremo del ancho corredor, puestas sobre arena mojada.

Ya estas elegantes señoras de los trajes pomposos no hablan como antes solían hacerlo de sus triduos, de sus saraos y paseos a la Orilla o a San Ángel o a San Agustín de las Cuevas, ni comentan el altisonante sermón del ilustre fraile predicador en la función titular de alguna parroquia o monasterio, ni hablan de las esplendorosas maravillas que trajo en su seno el galeón de la China, ni se refieren los admirables milagros y arrobos de tal o cual monja iluminada, ya han dejado esas conversaciones estas damas; ahora solamente hablan, con espanto, con horror, de los crímenes cometidos en la casa de don Joaquín Dongo, calle de Cordobanes.

Tanto en este estrado de gente ilustre, como en todos los estrados de México, así sean los de las casas nobles o los de las casas llanas, o en las pobres casuchas de extramuros, no hay más plática que esa. En todas las tertulias, en las reboticas, en las tiendas del horrible Parián, en las alacenas de los portales de Mercaderes, de Agustinos, de las Flores, en las tercenas y estancos de toda la ciudad, no conversan sus tertuliantes sino de esos asesinatos que tanto habían consternado. No se encontraba ni una sola persona que no se hallase horrorizada y llena también de indignación por la feroz carnicería que se hizo en casa de don Joaquín Dongo, cristiano y caballero.

Jamás, ni los viejos más viejos, habían sabido de un crimen así tan espeluznante y horrífico. Toda la gente temblaba, santiguándose, sobrecogida de espanto, al enterarse de cómo fue esa nefanda matanza; muchas personas piadosas pusieron lamparillas de ofrenda a cristos, a vírgenes y a santos de su devoción para que ayudasen a los señores de la justicia a aprehender pronto a esos criminales dañinos. A muchas imágenes se les rezaban novenas o se les hacían fervorosas promesas con tal de que cuanto antes cayeran presos esos bárbaros malhechores, tan sin piedad, tan sin corazón, de entrañas muy negras, que sacaron de la vida a ese buen caballero y a diez de sus fieles servidores.

La conversación de las cinco señoras de este estrado elegante iba así, con calor, con viveza, mientras que hacían aletear sus lindos abanicos o se pegaban a la nariz los barrilillos de ámbar:

—Cuando supe la muerte que tuvo don Joaquín, casi me desmayé de terror. ¡Hombre tan bueno, morir así!

—¡Sí que era bueno don Joaquín Dongo! Le fuí a pedir hace poco una ayuda para las pobrecitas monjas de Santa Catalina, sólo quinientos pesos, me dió mil su caridad.

—Siempre acudía con larga mano. Como era poderoso almacenista ayudaba ampliamente a muchos comerciantes de al menudeo y jamás los molestaba con cobros, le pagaban cuándo y cómo podían, por eso es que tanto lo apreciaban y lo respetaban. Reconocían sus altos méritos y gracias.

—¿Y lo que daba de limosnas? Siempre procuró con entrañas de padre el alivio de las miserias. Muchas necesidades ni siquiera sabían que era él quien las remediaba. Escondía la limosna en el seno del pobre. ¡A cuántos sé que tomó debajo de su protección y amparo!

—Don Joaquín miró siempre la dádiva como desempeño propio, fue siempre medio para mucho bien, era piadoso y limosnero más que ninguno. Tenía parte en bastantes obras pías. ¿Quién recibió mal de sus manos?

—Por eso, por buena alma, era rico; entre más daba, Dios le daba más a él en abundantes cosechas de sus haciendas, en plata de las minas, en mil negocios lícitos que hacía y en los que se le doblaba y tresdoblaba la ganancia. Teníasele en tanta estima y se le miraba con tan particular reverencia, que se le dió el alto cargo de Prior del Consulado del Comercio y en tan distinguido lugar lo tuvo el gran virrey don Antonio María de Bucareli y Ursúa, que eterna gloria haya, que lo nombró albacea suyo.

—Nuestro actual virrey Revillagigedo lo tenía, según sé, en opinión excelente, la que él se merecía, por sus claros hechos y por su inmejorable, intachable conducta. Cristal purísimo, sin mancha, era mi gran amigo Dongo.

—Decidido empeño tomó nuestro virrey Revillagigedo en que se descubriera ese crimen atroz; ofreció voto que en menos de quince días tendría a los criminales y lo ha cumplido perfectamente, y salió bien con sus intentos. Lo secundaron eficazmente en el empeño los alcaldes de Corte y, entre ellos, de modo principal, el infatigable don Agustín de Emparán junto con los señores de la Audiencia, quienes en un dos por tres, sin dilación ninguna, substanciaron el proceso y dieron la sentencia.

—Es cierto, ciertísimo lo que dice usted, doña Fidela, pero la casualidad fué la que ayudó de manera principal a descubrir a los impíos, indignos de trato humano, que ejecutaron esa maldad tan fiera.

—La casualidad, sí, doña Antonia, que es la que hace las grandes cosas, las que más nos admiran. En esos días de todo el mundo se sospechaba, de cualquiera se tenía dudas, y con esta suspicaz desconfianza se fue a dar derechamente a la verdad, gracias a Dios. Un caballero, no recuerdo su nombre, Guillermo, mi marido, me lo dijo, pero que es de esos seres minuciosos que en todo reparan, que lo escudriñan todo, que no dejan pelillo en ropa sin examinarlo, ni pasan sobre cosa alguna sin observarla en todos sus detalles, sin olisquearla cuidadosamente por todos lados; pues bien, esa persona nimia, curiosa, vió al pasar por una barbería que con el maestro barbero hablaba un joven señor, elegante él, que tenía sangre, una gotita apenas perceptible, en la cinta que ataba la coleta de su rizada peluca blanca. ¿De dónde provendría esa pequeña mancha de sangre? Empezaron sus conjeturas, sus tremendas suposiciones, y como no las podía resolver, dijo, fué a exponerlas nada menos que al Virrey.

—En otras circunstancias no le hubiese hecho ningún caso Su Excelencia, habría enviado con cajas destempladas a ese inoportuno y desocupado varón, tomándolo por un necio y un mentecato. ¡Miren que ir a solicitar audiencia del Virrey para salirle con esas cosas, cuando tenía el señor Revillagigedo altos asuntos del gobierno en qué poner su atención! Pero en caso como el presente se tenía que aprovechar cualquier indicio por levísimo que pareciera, y así fue como Su Excelencia oyó con cuidadosa atención a este señor farragoso y luego mandó llamar al barbero, quien dijo que, con el que hablaba a la puerta de su establecimiento esa mañana era don Felipe de Aldama, noble caballero de Canarias, de muy buena reputación y bienquisto en la ciudad.

—Es verdad, yo lo vi en la última comida que dieron los de Santa Fe de Guardiola.

—Y yo estuve con ese don Felipe en el día de campo a que convidaron los Zardaneta en las arboledas de Tacubaya.

—Mandaron en el acto por Aldama, señor tan fino, tan respetuoso, tan atildado en el vestir y en lo que hablaba, y se le preguntó por el origen de esa mancha y con asentada tranquilidad refirió que encontrándose en tal día y en tal hora en una pelea de gallos, a las que era muy aficionado, uno giro, que alzó del palenque ya muriéndose con un gran navajazo, al sacudirlo la agonía le salpicó de sangre, no sólo la peluca, sino cara, camisa y traje.

—Se detuvo al pulido caballerete mientras que se averiguaba si era cierto o no lo que había dicho de la salpicadura que le echó el gallo agonizante, y efectivamente, resultó ser muy verdad lo que tenía referido. Pero el sagaz Revillagigedo no quiso que se le pusiese libre, algo malició Su Excelencia, alguna cosa imperceptible vió en Aldama; una vaga intuición tuvo de que aquel hombre tan fino, tan gentil, no era lo delicado de espíritu que aparentaba, sino un ser malo, perverso y peligroso, que encubría todo eso con una exquisita capa de dulzura y con delicadas sonrisas.

—Mandó averiguar quiénes eran sus amigos y se supo que los que andaban con él de constantes acompañadores, eran don José Joaquín Blanco y don Baltasar Dávila Quintero, y sin más ni más se puso en chirona a estos dos caballeros tan finísimos y floridos como su amigo Aldama. Ambos, con serenidad, sin el menor sobresalto, se dejaron aprehender; no se les notó ni el más leve temblor, ni la menor palidez, dijeron, sonriendo, que eran de sobra conocidos en México por hombres muy de bien, que su conducta era más limpia que la nieve intocada de una cima.

—Se examinó aisladamente a esos nefarios bien vestidos, y después de haber asegurado los tres, pues no tuvieron más remedio, porque se les demostró, que anduvieron juntos los días 23 y 24, el anterior y el de los asesinatos, después incurrieron en algunas contradicciones, con las que se hicieron sospechosos. Se les careó en seguida, pero esa diligencia quedó ilusoria, porque, tal vez, juramentados de antemano para no descubrirse la culpa, apenas si se encontraba fundamento de prueba, y el hecho, en el concepto de todo el mundo, parecía haber exigido muchas manos, crecido número de personas para ejecutarlo.

—Nadie pensaba que ellos fueran los autores de esos asesinatos y hasta muchas personas estaban indignadas porque se tuviese en la cárcel a tan cumplidos caballeros. Se creía incapaces a esos excelentes señores, no digo de esos fieros crímenes, pero ni tan siquiera de hacer el más leve mal a un animalejo despreciable. Pero se supo, después de indagarlo, que don Baltasar Dávila Quintero se había mudado de una accesoria en la que vivía por la calle del Águila, y a la que concurrían habitualmente don Felipe de Aldama y don José Joaquín Blanco; pero aunque ya había cambiado trastos y muebles a otra parte, conservaba, sin embargo, la llave de la casuca, por la que había pagado al propietario varios meses adelantados de renta. La Providencia puso la buena idea en la mente del ladino alcalde de Corte, don Agustín de Emparán, de ir, mediante consulta con el Virrey, a registrar esa habitación y allá fué con sus ministriles más hábiles.

—Sí, entonces, a poco buscar, se encontraron ocultos bajo el piso, más de veinte mil seiscientos pesos entalegados, además de ropa y numerosas joyas de oro y plata con pedrería fina. Todo ese valioso hallazgo se llevó a las Cajas Reales como en exaltado triunfo, entre una multitud alegre porque se había descubierto tanto lo robado como a los asesinos, con lo que se demostraba que ninguna mala acción queda oculta por mucho tiempo, que todo lo penetran los ojos de la verdad, pues que siempre hay un sutilísimo hilillo, imperceptible cosa, que sirve para hacer la claridad y sacar, a la vista de todos, los daños que se creían más y mejor escondidos.

—Mi tío Felipe, relator de la Audiencia, vió cuando sacaron ese gran botín. La gran sorpresa que con este encuentro recibieron los tres elegantes bandidos los excitó al reconocimiento y confesión, principalmente al tal Quintero, quien refirió lisa y llanamente el delito, complicando en él a Aldama y a Blanco que quedaron confundidos con los cargos tremendos de su cómplice. Al fin dijeron su escondida verdad.

—Súpose ya por las categóricas confesiones de los tres, que él, Quintero, fué quien los había seducido a la ejecución de un robo que los hiciese acaudalados para tener una vida descansada y cómoda, ya que habían venido a estas tierras de México en busca de fortuna y no la habían encontrado; que unidos los votos, pensaron en la elección de casa y que en ésta no fué la de Dongo en la que primero se fijaron, sino en la de un rico pariente de uno de ellos, no recuerdo a quién dicen que mentaron esos infames, pero que tuvieron que desechar esa idea, porque se encontraban en ella varios huéspedes que podrían defenderla bien y derrotarlos con grave perjuicio de los tres y que entonces decidieron, a poco hablar, que fuese el asalto en la de don Joaquín Dongo en donde cometerían el robo que los iba a hacer poderosos y, por lo tanto, estimados, dineros son calidad, pues sabían que allí había mucho que tomar. Fijaron la fecha para ejecutarlo y empezaron a estudiar la casa y la vida que hacía su dueño y los otros moradores, para que no les fallara el tremendo negocio que allí iban a realizar para volverse ricos, embolsando lo que deseaban. Para el 23 del pasado mes de octubre quedó todo listo y convenido. Ya sabemos de sobra lo que pasó en el horror de aquella noche macabra.

—¿Pero qué pasó? Por mi enfermedad y después por estar tantos días sin ver a nadie en la huerta de Tacuba, nada sé ahora en detalle, así es que cuenten, digan. Se los pido por merced.

—Pues bien, esos tres abominables felones se hicieron dueños de la casa, calle de los Cordobanes número 13, junto al convento de la Enseñanza, frente al Colegio de Cristo, entre ocho y nueve de la noche. Sabían bien que Dongo estaba ausente e imitaron perfectamente la señal que hacía siempre el cochero para que el portero abriese cuando por la noche volvía el carruaje y además como Quintero fue dependiente de la casa, no ignoraba el maldito cuál era esa señal, así es que la hicieron con tal perfección que el portero no notó nada extraño y puso al momento de oírla de par en par las hojas. Penetraron los malhechores, se fingieron gente de la justicia que iba allí a la importante investigación diz que de un robo; el hombre cerró confiadamente el portón, pero al estar en esta operación se le echaron encima, por detrás, lo apuñalearon, dejándolo revolcarse en su sangre, para matar en seguida a un pobre indio que intentó auxiliarlo y que esperaba a don Joaquín con cartas de mano que le había traído de la hacienda suya.

—Después dieron muerte al cajero asegurándolo con heridas horribles, numerosas. Con el propio disfraz de justicia se apoderaron de las cuatro criadas que había, pobrecitas mujeres tan indefensas, tan débiles, tan medrosas, las fueron sacando una a una bajo el pretexto de examinar ese fingido robo del que iban a investigar pormenores, y las fueron matando inhumanamente en lugares distintos y luego le quitaron la vida, con enorme crueldad, al pobre de don Nicolás Lanuza, padre del cajero de la casa. Se hallaba ese desventurado don Nicolás muy enfermo en cama, la caridad de Dongo le había dado habitación en su propia morada, para que su hijo estuviese cerca de él todo el día. En esto oyeron voces en un cuarto cercano y hacia allá partieron corriendo, temerosos de que alguno estuviese pidiendo auxilio, pero se encontraron que el que hablaba era un perico parlero en su jaula de hojalata; Joaquín Blanco, lleno de furia, metió en ella la mano y le retorció el pescuezo. Y mientras que llegaba Dongo empezaron precipitadamente a levantar chapas de muebles para sacar lo que en ellos había de valor.

—Dicen que después de andar como lobos hambrientos, bañados en sangre, esperaron al desgraciado Dongo, quien llegó al fin entre nueve y cuarto o nueve y media. Venía de jugar malilla, de la casa de los Añorbe, en donde estuvo muy contento porque ganó varias manos; hizo el cochero la señal acostumbrada y uno de los malditos bandidos abrió la puerta prontamente; pero luego que entró el carruaje la cerró a toda prisa, y don Joaquín vió, azorado, los cadáveres que yacían en el suelo y al momento comprendió cuán desesperada era su situación, y dirigiéndose a Aldama le dijo: "Mi vida está en tus manos, pero por el amor de Dios, ten piedad de mí y no me asesines a sangre fría, di qué cantidad de dinero necesitas para dártela o toma, si te parece, lo que hay en la casa y déjame. Yo te juro guardar el secreto".

—Aldama consintió y don Joaquín Dongo pasó adelante, ya confiado, pero al ir a subir la escalera encontróse con Baltasar Quintero, a quien hizo la misma súplica, diciéndole, además, que ya don Felipe de Aldama estaba de acuerdo en dejarle la vida, y también ese bárbaro le respondió que no temiera nada; pero surgió en esto el horrendo y empedernido criminal Blanco de apellido, pero negro de alma, y hecho un furibundo demonio puso la espada al pecho de Quintero y tras de soltar un juramento, le dijo: "Si no le das tú de puñaladas eres hombre muerto".

—Quintero lo vió tan decidido a hacer lo que decía, que sin más ni más, con toda violencia, hirió de muerte a don Joaquín metiéndole la daga o machete por los pechos y en seguida, entre los dos, lo acabaron del todo con otras puñaladas. Blanco y Quintero fueron sus alevosos homicidas. Lo dejaron con las sienes pegadas en la tierra, todo él bañado en la sangre de sus venas. ¡Pobre de don Joaquín Dongo, qué muerte airada le tocó a manos de esos aborrecibles infames!

—Dios quiera en premio de sus virtudes, tenerlo ya en Gloria.

—Amén.

—Amén.

—El Señor le haya perdonado sus pecados.

—Amén.

—Como el coche quedó en el cubo del zaguán y en él el cochero y el lacayo, y, como todo fue tan rápido, no pudieron acudir pronto los desgraciados servidores en socorro y defensa de su amo, que tan bueno era con ellos; pero al verlo que cayó acercóse corriendo el lacayo y Aldama lo recibió con la espada con la que al instante le cortó en el corazón el hilo de la vida, y los tres, en seguida, cargaron sobre el inerme cochero, que pereció pronto, con las carnes espantablemente abiertas por varios lugares, de donde le salieron ríos de sangre, entre los que se le fué la existencia.

—Las monjas de la Enseñanza oyeron los gritos despavoridos que llenaron toda la noche, de estos dos infelices al ser sacrificados.

—Dejaron, ¡horror!, la casa sembrada de gente muerta.

—Ya entonces, con toda calma, con el mayor sosiego del mundo, empezaron a robar esos pérfidos; ya habían, como lo he dicho, descerrajado algunos muebles antes de que llegara don Joaquín, pero apenas sintieron la rodadura de su carruaje dejaron su infame labor de robo para recibir al buen señor del modo que lo recibieron. Cuando no quedó alma viviente, le sacaron a Dongo del bolsillo las llaves y, además, le quitaron el reloj, las hebillas de oro y las charreteras que eran de lo mismo, y comenzaron su minuciosa pesquisa por toda la casa en busca de dinero y de alhajas para completar con el robo sus designios. Cargaron con más de veintidós mil pesos, sin contar las alhajas que se llevaron; las talegas acomodáronlas en la caja del coche después de quitar los almohadones. Aldama se disfrazó para hacer las veces de cochero, y gran trabajo, confesó, que le costó sacar el carruaje, hacerlo dar la vuelta por el patio. Todo ese cuantioso robo se llevó a la accesoria que tenía alquilada Quintero, el número 23 de la calle del Águila. Al día siguiente, por la mañana, se entregaron los malhechores a sus habituales ocupaciones, como si nada reprobable hubiesen hecho esos tres abortos del infierno.

—Dentro de dos o tres días, a más tardar, se dará la sentencia que merecen. Es de presumir que les den la muerte en justo castigo, por haber segado tantas vidas.

—¡Dios mío! Son ya las oraciones y tengo aún que ir a la casa de los Salcedos a recoger a mi hija Felisa, que fue allá a ensayar la pavana para el baile de los condes de Santiago. Así es que yo me marcho, siempre que sus mercedes me den la licencia.

—Yo te acompaño, Florinda, de paso me dejas en la portería de San Lorenzo, que quiero dar a la hermanita tornera un encarguillo de novenas para la Madre Sor María de la Asunción.

—Nos iremos ya todas para dejar en paz a doña Felícitas que harto cansada la tendrán nuestras pláticas, aún débil como se halla por su pasada enfermedad. ¿Cuándo volveréis a Tacuba?

—Mañana mismo por la tarde me iré y de allí tengo que pasar a los Remedios a cumplir una manda y a cambiar los vestidos a la Virgen, pues soy, como sabéis, una de sus camareras.

Se despiden las cinco señoras. Un reloj invisible empieza a enfilar temblorosamente las campanadas de las seis de la tarde, que se van sonoras y lentas al interior de otras estancias, y en esa sala, junto con sus largas vibraciones, queda flotando algo del espanto de aquellos crímenes que se habían relatado.

★ ★ ★

Todo el oro de la tarde está fulgurando en la fachada ultrabarroca del Sagrario. En todos los innumerables tallados de las piedras entra la luz y les da como mayor relieve y las viste de idealidad. Los santos en sus esculpidos doseletes parece que vibran, y todas las hojarascas y volutas rutilan, son como de lucido metal. Mayor esplendidez tienen los ángeles, sus ropas vuelan en pliegues armoniosos, un gran viento se las puso en agitación y luego quedaron inmovilizadas en un bello alboroto; los piñones y las gárgolas son como finas joyas en las que hay un constante tremelucir. Un movible fulgor se halla en cada clavo de los numerosos que tachonan las puertas talladas.

Esta fachada es como una gran llama viva, bermeja, que irradia su magnificencia en el puro ambiente de la gran Plaza Mayor, y no parece sino una proyección del delirante altar del fondo de la iglesia que ha salido al exterior con sus formas complicadas que vuelan entre tupidos follajes de acanto y guías de vid de un oro inalterable, profusión exuberante y suntuosa.

Con su capa en los hombros sale un señor bien agestado del Sagrario, se viene acomodando el negro tricornio sobre su restirada peluca blanca, lo detiene otro caballero, también de sombrero de tres candiles, gran casacón oliva, calzón de la misma color verde y chupa adamascada en cuya parte alta caen los leves, flotantes encajes de la chorrera de la camisa de cambray; las manos las trae entre suaves quirotecas de gamuza con vueltas bordadas. Su ganchuda nariz, cuyo pico baja como a asomarse a su boca larga, de labios delgados, soporta la eminencia de unos anteojos de gruesa guarnición de concha que se le detienen por los dos cordoncillos de seda negra que dan vuelta en torno de entrambas orejas, sujetándose y manteniéndose tirantes merced a la cuentecilla de azabache por la que pasan esos tensos sujetadores.

—¡Mi señor don Adalberto, tanto bueno! ¿Y desde cuándo por México?

—Esta misma mañana llegué de mi hacienda de Ayotla, porque a mi pobre Teresina le volvió el terrible mal de ijada y allá no se le podían confeccionar los esparadrapos con que se le acaba esa dolencia. Ya estuvo en casa del doctor Antúnez, don Gildardo, que tiene manos medicinales, pues donde las pone deja entera salud, así con un alquerme y unas pildorillas insignificantes y un amago de sangría, que le dió a mi doña Teresina, y ya está muy campante por Porta Coeli o por la Encarnación o Balvanera o qué sé yo por qué iglesias o monasterios, pues ya sabéis que ella tiene dares y tomares con cuanto fraile y monja hay en la ciudad, y ya no os digo más porque me supongo que iréis a entrar en la novena y eso sería entreteneros y no, no quiero hacerlo.

—No, no vengo a la novena, sino que me acerqué aquí a contemplar esta luminosa fachada, su esplendor churriguera siempre me atrae. Mire qué color encendido tiene ahora mismo, es como de oro bermejo con la luz de este crepúsculo magnífico que la viste de gloria. Arde como en una apoteosis.

—Ciertamente, don Lucas, que es esplendorosa. A mí también me fascina, me atrae, me inquieta esta fachada singular, siempre descubro en ella, como en todo el churriguera, cosas nuevas; ahora veo un ángel que antes no había visto, después salen por ahí unos corazones en llamas o un cordero pascual o una paloma, u otros símbolos místicos, surgen distintos acantos de los que había y nuevos y más pomposos racimos de vid. Cada vez encuentro en cualquier altar o fachada churrigueresca una sorpresa grata, ya en las tunicelas de los santos, ya en los plegados mantos de las vírgenes o en sus gentiles actitudes que se antojan, que se mudan con la luz; a las columnas retorcidas, estriadas, creo que les reflorecen las hojarascas y surgen frutas nuevas. Por todas partes las ciñe la vid con abrazo más frondoso.

Pero me voy, me voy, querido don Lucas y no me quedo a la novena, pues sólo salí de casa a ver el cadalso en que fueron ejecutados los tres feroces asesinos de mi querido amigo don Joaquín Dongo, que en paz descanse y tenga gloria perdurable. Estaba yo en Ayotla, lejos del mundo, como quien dice, y no supe de ese terrible suceso sino hasta ésta misma mañana en que llegué. Hienas, que no seres humanos, fueron esos hombres. Parece mentira que en pechos de cristianos haya habido tanta saña, tantísima maldad. En el infierno estarán bien acomodados ya esos tres conspicuos canallas dándoles los diablos sendos tizonazos y tragos de lumbre.

—Amén. No pierda sus pasos, mi señor don Adalberto, en ir a ver el cadalso, pues ya lo desbarataron todo, mire, ya están por el suelo los maderos, pero, en cambio, aquí llega el señor bachiller don Teodoro Sisniega que ha leído, me han dicho, todo el proceso de esos malvados, y nos puede contar cosas.

Se acerca este señor Bachiller que se acaba de nombrar, es escuálido, narigudo, orejón, sus ojos son saltones y lagrimeantes, con párpados sin pestañas y ribeteados de rojo, posee un bigote que le cae como rígida cascada sobre los labios y por entre su revuelta maraña se le divisa la amarillenta blancura de los largos dientes, mueve el Bachiller las manos largas, fláccidas, como si no tuvieran huesos y fuesen sólo unos aplastados pedazos de carne blanca, erizada de pelos, sus dedos son inquietos, largos y delgados como colas vivas de lagartijas.

—¡Señor don Adalberto, señor don Lucas! ¡Tan famosos mis dos amigos, mis grandes y buenos qué amigos! ¡Mirad, qué colores, qué caras, qué redondez de vientres, qué envidiable salud!

—Y sobre todo, diga, qué gran tranquilidad de conciencia.

—Yo en ella tampoco tengo ningún peso, ni chico ni grande, ni tampoco en los bolsillos.

—Carnes ya las ha eliminado todas, ¿qué le pasa, querido don Teodoro?, no tiene más que las absolutamente indispensables para cubrir los huesos y evitar que se le desarmen, si un abanico se agita al lado suyo, el viento que mueva lo debe de levantar del suelo como ceniza. Pero, díganos, ¿es verdad que leyó usted la causa de los asesinos de Dongo? Me han asegurado que usted la leyó toda entera, sin que le faltara folio.

—No la he leído, no; pero como si la hubiese leído, porque sé, no digo por quién, todo lo que está escrito en esas cuantas hojas, son solamente treinta y ocho páginas. El Virrey ordenó que se suprimiesen trámites inútiles y que todo se hiciera de prisa y eso es lo que ha asombrado tanto a México entero, esa gran actividad tan desusada, urgida la justicia por Revillagigedo. Lo que se hubiera tardado años, en menos de quince días quedó bien concluido, sin llenar papeles y más papeles para formar uno de esos imponentes cartapacios cuya sola vista arredra a los más valientes. En este proceso todo se hizo con concisión, con brevedad, con rapidez, como se deberían de hacer todas las cosas en esos engorrosos, lentos tribunales, en los que uno se ahoga entre tanto papeleo inútil de covachuelistas taimados que todo lo impiden con estorbos de términos y lo entretienen y lo enredan con mil y mil trámites, que exasperan al de más quieta cachaza.

—Tan rápida marcha en la administración de la justicia, dejó, como ha dicho bien el señor Bachiller, muy asombrada a toda la ciudad, pues estábamos acostumbrados a ver caminar lenta y pausadamente como carreta pesada, los procesos que a poco de haberse iniciado formaban voluminosos, terribles montones de papel sellado, cuando la causa de los asesinos de Dongo apenas tiene, como hemos oído, treinta y ocho páginas, escritas con concisión admirable, sin nada falto ni superflua.

—No dice la causa más de lo que sabe todo el mundo, nadie ignora en México las declaraciones de esos pérfidos criminales, ni las sentencias, ni cómo se cumplieron éstas puntualmente. La ciudad entera vino a esta plaza y anduvo por las calles viendo el paso de los tres reos.

—Yo no miré nada de eso y me pesa porque estaba, se lo decía hace poco a don Lucas, en Ayotla, mi hacienda. Me admira, sí, como a todo el mundo lo ha incitado a grande asombro, la gran actividad que desplegó el conde de Revillagigedo; en los nueve días que tiene en el gobierno se ha dado a conocer como enérgico, como inteligente. Ojalá y así siga, buena falta nos hace un hombre tal en el poder.

—Apenas entró Revillagigedo, como quien dice, en la Real Casa y le plantaron en la puerta este pasquín a modo de consejo, que él menos que nadie necesitaba:

Güemes, anda derecho
porque el pueblo está en acecho.

Al ver esto Su Excelencia mandó poner abajo con muy claras y grandes letras para que el más cegato las viera:

Tan derecho andará
que a muchos les pesará.

—En efecto, ya hemos visto lo derechísimo que anda don
JuanVicente Güemes Pacheco de Padilla, quien en un santiamén
descubrió a los tres malhechores y les ha dado su justo merecido.

—Sí señor, apenas supo Revillagigedo de esas incalificables
muertes, cuando empezó a dictar hábiles providencias para descubrir a los malhechores. Diéronse en el acto las cordilleras extraordinarias, previniéndose las reglas y métodos con que deberían
manifestarse en ellas las respectivas justicias de los departamentos
a que se dirigía su puntual observancia. Ofició el capitán de la
Acordada para la solicitud y aprehensión de los que pudieran
descubrirse culpables. Se mandaron órdenes a los capitanes de la
sala para que se previniese en todas las garitas lo conducente, por
si pasasen o hubiesen pasado algunos fugitivos con carga o sin
ella, los cuales se deberían de aprehender, dando inmediata cuenta
de ello, así como de cualquiera ocurrencia, indicio o persuasión
que se advirtiera, como otras varias conducentes al acaso; a los
hospitales, por si fuere algún herido; a los mesones, para tomar
razón individual de los que estaban posados, quiénes eran, de
qué lugares venían, con qué fin y destino, así como qué carga trajeron y si la noche del suceso, se habían quedado algunos fuera
y quiénes eran éstos; al cuartel de dragones, por los que hubiesen
faltado aquella noche nefanda; a los plateros, con la muestra semejante de las hebillas del difunto y una descripción de las alhajas que se le conocieron, por si llegasen a vender alguna de las
robadas; al Baratillo y Parián, por lo que pudiese importar sobre
esto mismo; a las concurrencias públicas y demás diversiones, por
las luces que pudieren producir; a los alcaldes de barrio y a sus
comisarios, para que, por su parte, practicasen las más exactas diligencias, lo mismo que a las demás justicias del distrito. Se exa-
minaron a cuantos amoladores fueron habidos por las armas que

hubiesen afilado y a los cirujanos que se encontraron por las heridas que hubiesen curado.

—Con esto la reputación del Virrey recién llegado, que ha dirigido y agitado él mismo el proceso, ha subido a una inmensa altura. Se le tiene ya por lo que es, por hombre superior y verdaderamente digno de ocupar el gobierno de un pueblo. Las clases honradas y laboriosas han visto en Revillagigedo a un protector y los criminales han de estar, de fijo, espantados, rezumándose de miedo, al sentir que ha llegado ya el momento en que va a desatarse en contra de ellos todo el rigor de la ley.

—Ya se imaginará usted, señor don Adalberto, el enorme escándalo que hubo en todo México al saberse ese crimen y el espectáculo terrorífico que se ofreció a la vista de los sosegados vecinos al ver sacar de la casa de Dongo los once cadáveres ensangrentados, cosidos a puñaladas. Llena de espanto se encontraba toda la gente hasta que no supo los detalles del crimen y quiénes fueron los malditos que lo perpetraron y el Virrey no estuvo tampoco tranquilo sino hasta el día en que se descubrieron los malhechores, basura humana.

—Las muertes las ejecutaron con un sable y dos machetes afilados expresamente para ese siniestro fin en la accesoria de la calle del Águila, en que vivía el don Baltasar Dávila Quintero. Declararon los cínicos que gran trabajo les costó sacar el coche de la casa, haciendo cejar a las mulas, por no estar avezados al trabajo de guiar carruajes y que no saben cómo no despertaron todos los vecinos de la calle de Cordobanes con el formidable ruido que se levantó por toda ella al partir a toda velocidad el vehículo, sueños de bronce hubiese acabado, pues todo estremeció profundamente con su pesado rodar, tan cargado de peso con tantos pesos, ruido formidable y retumbante, dijeron, que era el que iba alzando por dondequiera.

—Tomaron por las calles de Santo Domingo, siguieron luego por la de Medinas hasta llegar a la lóbrega accesoria de la calle del Águila, donde vivía el dicho canalla Baltasar Dávila

Quintero, allí descargaron todo ese dineral junto con las alhajas y el tal don Baltasar se quedó custodiando el tesoro, volvieron al coche sus dos compañeros y lo fueron a dejar abandonado por Tenexpa, suburbio poco poblado, como sabemos, en el que Cristo dió las tres voces, como suele decirse. Arrojaron en el puente de Amaya dos de los sables o machetes, y regresaron con una talega que tendría como cuatrocientos pesos los que se repartieron entre los tres para sus prontas urgencias, y el resto del dinero, alhajas y ropas, lo metieron debajo de las vigas del piso de madera que tenía esa vivienda, allí se quedó ya Quintero y se echó a dormir el maldito con un sueño pacífico de justo, de hombre de tranquila conciencia.

—Se marcharon Blanco y Aldama y al pasar por el Puente de la Mariscala tiraron en la acequia el otro sable que les había quedado y se fueron conversando de cosas ajenas a lo malo que habían hecho, hasta la casa de José Joaquín Blanco, quien vivía por el Salto del Agua con una tía suya, y no encontrándola, pues que andaba de sarao y se llevó la llave, se fueron para la de Felipe de Aldama, a quien dijo Blanco que allí llevaba el reloj del difunto y su compañero hizo que lo tirara por razones que le dió, en la esquina de la Dirección del Tabaco. Llegaron a la casa de Aldama y se acostaron sosegadamente, dijeron a la criada que venían de un baile que, por cierto, había estado precioso. La sirvienta los oyó bien que de esa fiesta fueron hablando mientras muy despacio subían la escalera.

—Se echaron a dormir y durmieron a pierna suelta de un tirón, ¡estaban los pobrecitos tan cansados!, hasta las nueve de la mañana, sin que los sobresaltara ni una sola pesadilla. Se acicaló Aldama minuciosamente, como lo tenía por costumbre, y fué a la Acordada a llevar la noticia relativa a un empleo que allí tenía de visitador; después se marchó a una pelea de gallos en donde estuvo muy alegre, muy decidor y obsequioso y un gallo moribundo que él levantó en el palenque, salpicole de sangre y la leve gotita roja que le cayó en la coleta fué el origen de que se des-

cubriera el delito. Bien hizo en concurrir a tal diversión este ré-
probo, si no hubiese asistido, quién sabe si no esclarecieran su
crimen.

—Esa gota de sangre, pequeñita, leve, fué como quien dice,
la que habló por la abundante que había derramado el maldecido
hombre y la que lo condujo al rigor de la justicia.

—Las obras parlan la verdad.

—Eran indignos de vivir esos impíos con negras entrañas de
animales carniceros.

—Sí, por eso se les sentenció en pena de muerte, que les
aplicaron por voto unánime de los jueces a los tres desalmados,
la que no era sino entregar su alma en manos de los demonios.
El día 5 se les puso en capilla y entraron en ella todos descoloridos y miedosos, se les extinguió toda aquella su feroz temeridad
al ver el indudable fin de sus vidas. Querían que se les conmutara
la pena, por la de cárcel perpetua, mucho amor a la vida tenían
los repugnantes asesinos, pero amándola tanto la quitaron a once
seres indefensos. Luego que vieron la irremediable pidieron que
se les diera garrote como a nobles que eran de casas y solares conocidos. ¡Preciosa nobleza de canallas! La tenían escrita en ran-
cios pergaminos, pero no en el alma, que es en donde debe de
estar.

—El 7, ayer sábado, pagaron su delito en el cadalso, a los
quince días exactos de sus incalificables fechorías. Las cometieron
el 23 de este mes de octubre. Se les trajo por las calles acostumbradas vestidos con traje talar, tocados con gorras negras y en
mulas con largas gualdrapas, cada uno con un fraile que le iba en-
comendando el alma y lo exhortaba a arrepentimiento. Por voz
de pregonero publicábase el delito cometido y el castigo que se
les iba a dar y se tocaban clarines y redoblaban atabales, antes y
después del potente pregón. Las calles estaban atestadas de gente,
en ninguna persona había, estoy seguro de ello, ni la más leve piedad
para esos tres repugnantes seres, todos soltaban la voz y desataban
la lengua en grandes maldiciones. Les escupían execraciones ho-

rrendas. Por entre una enorme multitud llegaron a la Plaza Mayor que estaba de lado a lado henchida de una multitud ansiosa de ver aquella pena ejemplar, tan justa, tan merecida, que se iba a aplicar a aquellos seres abominables, de almas de pedernal.

—El cadalso se levantó entre la puerta principal de Palacio y la de la Cárcel de Corte, tenía tres varas de altura, diez de largo, ocho de ancho, todo él, hasta la escalerilla, piso y palo, se hallaba cubierto de negras bayetas y con colgaduras de igual color para advertir así que los criminales eran de clase noble, con ese aspecto se hacía más temeroso e imponente. Tambaleándose subieron al tablado los reos, los ayudaron los frailes y los fornidos ayudantes del verdugo, una palidez de albayalde se untaba en los rostros desencajados de los tres criminales feroces.

—Es verdad. El verdugo rompió el bastón y los machetes con los que consumaron los asesinatos, después fué dando garrote a cada quien de esos hombres hasta que murieron, como se dice, naturalmente. Felipe María de Aldama quiso hablar, decir algo al pueblo, no se le permitió tal cosa. De los tres era el que estaba más en sus cabales, aunque también temblaba acobardado, viendo la muerte tan de cerca y que le llegaba con ignominia. Un gran silencio se tendió por toda la gran plaza, se hubiera oído claro y distinto el leve roer de una polilla. El Virrey, solo, grave, sin acompañamiento ninguno, presenció la ejecución desde uno de los balcones de Palacio.

—Los cadáveres estuvieron expuestos hasta las cinco de la tarde, hora en que se les condujo a la Cárcel de Corte, en donde se les amputaron las manos, las derechas, y luego se fueron a clavar con escarpias dos de ellas en la casa de Cordobanes, teatro de su acción cruenta y feroz; la otra se puso sobre la puerta, difundiendo horror, de la accesoria número 23 de la calle del Águila, en que se planeó aquel asesinato del que nos quedará perpetua memoria por la saña siniestra de esos pícaros y por la actividad singular del señor virrey Revillagigedo para satisfacer la vindicta pública.

—Y claro, salió la malevolencia anónima de un pasquín. Tomando pie de que el virrey conde de Gálvez, indultó a tres sobresalientes criminales, un perverso ingenio ha hecho esta injuria rimada:

Al conde Gálvez imitas,
pero entiéndolo al revés,
el Conde libertó a tres
y tú a tres a la horca citas.

—Yo nada de esos castigos presencié, nada, y fué lástima. Don Joaquín Dongo era muy de mi amistad y, por lo mismo, mucho es lo que me ha dolido su muerte. Quiero que todos sus amigos le mandemos decir las misas gregorianas para que su pobre alma descanse. *Requiem eterna dona eis Domine.*

—*Et lux perpetua, luciat eis.* Yo contribuiré gustoso para tan noble fin con lo que me corresponda, señor don Adalberto.

—Mil y mil gracias, mi señor Bachiller. ¿Quieren ustedes venir a casa a tomar chocolate? Ya debe estar allí mi Teresina afligida por el asesinato de Dongo que le habrán referido con todos sus rojos detalles. Vamos allá.

—Vamos, señor don Adalberto y muy agradecido por la fineza.

—Mire, ya se ha apagado el Sagrario, ya la tarde, llevándose sus luces, dejó sin color el exaltado delirio de sus piedras labradas. Así, con claros y con sombras, tiene mayor interés, se valorizan mejor molduras y resaltes con el contraste, se nota mejor la calidad y profundidad del monumento.

Se alejan los tres caballeros por la calle de la Moneda, tan señorial, se les ve hablar, detenerse, hacer vivos ademanes, y luego prosiguen su camino despaciosamente, con toda tranquilidad de hombres sin preocupaciones, doblan por el Indio Triste. El Ángelus, grave, lento, canta en la Catedral y luego le hacen coro armonioso todas las campanas de la ciudad y México entero queda vibrante, envuelto en la música deliciosa de los bronces.

CÓMO MURIÓ CAÑEDO

En el encuentro de las calles del Espíritu Santo y del Refugio estaba *La Gran Sociedad* con su café y concurridísimo restaurante. En sus altos había hotel. Los políticos no concurrían a otro lugar sino a este. Tenían allí sus sitios por grupos de partido y en cada uno de ellos tejían las mallas de sus intrigas; se dedicaban con perseverancia a disminuir la buena fama de este ministro o de aquel gobernador o de algún diputado; alegaban con múltiples razones que si el presidente de la República debería hacer esto o hacer lo otro o lo de más allá que era mejor; que si la ley que acaba de promulgarse era mala o era pésima o que si iba a resultar contraproducente; en fin, los que estaban acomodados a su entero gusto dentro del Gobierno todo lo hallaban muy de perlas, pero los que no tenían en él arte ni parte, no había cosa que no condenaran sin razón ni piedad.

No sólo concurrían a diario y más puntuales que el sol muchos de estos políticos vacantes o con sitio privilegiado en el presupuesto, sino que hasta algunos vivían allí mismo para estar más cerca de la maraña y el enredo y saber cómo navegar en aquel mar revuelto de la política mexicana. Diputados que venían de fuera tenían habitación en *La Gran Sociedad* y hasta un criado especial para sólo su servicio.

Entre otros señores de ese pelo con habitación en ese hotel elegante, estaba don Juan de Dios Cañedo, hombre simpático y de afable trato, muy cortés y lleno siempre de mil cuentecillos agudos y expresiones seductoras, con todo lo cual sabía atraerse amigos, y como era político profesional, estas continuas cordialidades le servían para atar a la suya la voluntad de muchos, lo cual conseguía con esos fáciles donaires, con esos dichos agudos y graciosos.

Don Juan de Dios Cañedo era abogado, de esos truchimanes, de muchas triquiñuelas y enredos, exquisita manderecha y abundante gramática parda. Tuvo asiento como diputado en las Cortes españolas de 1813. Fué apasionadísimo partidario del emperador Iturbide, celebraba con entusiasmo su gobierno y sus pompas y galas. Era conservador a macha martillo y raja tabla, pero esto no le impidió que fuese más tarde, en el año de 24, un fogoso y arrebatado republicano federalista y uno de los constituyentes con más irrefrenable exaltación en aquel Congreso famoso.

Durante la presidencia de don Guadalupe Victoria fué hábil ministro de Relaciones Exteriores y con don Anastasio Bustamante, de Gobernación. En el Brasil, Chile y Perú representó bien a México como diplomático listo, que lo olía todo. Por varias veces fué diputado y en una de éstas —1831— se opuso enérgicamente a que se le regalara con una espada de cincelado puño de oro al general don Nicolás Bravo como merecido galardón por haber combatido al general don Vicente Guerrero. En esta ocasión dijo Cañedo, entre otras cosas bien habladas, que "si es conveniente premiar a los que defienden la Independencia contra cualquier potencia extranjera, no es lo mismo hacerlo en las circunstancias de guerras intestinas". Don Juan de Dios Cañedo fué gobernador de Jalisco, su tierra natal, nació en 1786 en Guadalajara.

Como el desaprensivo don Antonio López de Santa Anna estaba sin salir de su hacienda del Encero, o Lencero como escriben los puristas, transido de acerbo dolor por la muerte de su cara esposa la buena doña Inés García, dió poder a Cañedo que por entonces era alcalde primero de la ciudad, para que en su representación se casara con la elegante señorita doña Dolores

Tosta, ya que él, decía, por estar agobiado con un luto riguroso no podía concurrir a México a contraer matrimonio. Tal vez Su Alteza Serenísima aseguraba esto por antífrasis. Hacía menos de dos meses que había muerto su mujer. ¡Qué manera tan despampanante tenía de razonar el cínico señor!

La suntuosa ceremonia fué en el vasto salón de Embajadores del Palacio Nacional y ofició en ella de gran pontifical el arzobispo don Manuel Posada y Garduño. Cañedo salió al balcón muy radiante a recibir las aclamaciones, aplausos y vivas del gentío popular que oía la serenata y esperaba ansioso los fuegos artificiales. Además, Cañedo tuvo enojoso y largo altercado con el general don Vicente Canalizo porque éste, por razón de su cargo de vicepresidente de la República, quería a todo trance sentarse al lado derecho de la novia y don Juan de Dios decía que no y que no, puesto que él en ese momento representaba a Su Alteza Serenísima y que aquello era un acto social y no de gobierno. Con estas razones siguió por largo rato la porfía. La desposada, para dirimir la tenaz contienda, echó graciosamente a suertes con una onza de oro el codiciado asiento y se lo sacó el malhumorado Canalizo.

A don Juan de Dios Cañedo por este matrimonio dió en llamarle la gente *el casado sin novia*, y don Guillermo Prieto, siempre oportuno y mordaz, lo apodó *el amante prestado*, título éste de una comedia chistosa que por aquel entonces estaba llena de aplausos en el Teatro Nacional.

En 1850 don Juan de Dios Cañedo tenía en el Congreso Nacional nueva representación por su estado de Jalisco. Estaba afiliado al partido liberal y era uno de sus miembros más distinguidos y respetados por sus años y su bondad inacabable. La tarde del 28 de marzo estuvo largo tiempo en su balcón viendo, muy entretenido, el gentío que llenaba la calle y que iba y venía, haciendo la ritual visita de "las siete casas" por ser Jueves Santo. La muchedumbre, con sus trajes nuevos, porque en esa fecha todo el mundo estrenaba, o, al menos, traía la ropa buena de los disantos, pasaba por ahí rumbo a la Catedral, a San Bernardo, a las Capuchinas, al Espíritu Santo, a la Profesa, al Colegio de Niñas, a San Francisco, para ganar el jubileo que tenía especiales indulgencias para la buena salud de su alma.

Se hizo obscuro y entró don Juan de Dios Cañedo en su habitación, puso luz y se sentó tranquilamente ante la mesa redonda a redactar una larga carta para un tapatío su coterráneo. En esto llamaron a la puerta y sin esperar que él dijese que entrase el que tocaba, se metió de rondón un sujeto mal fachado y sin más ni más se le fué encima con un cuchillo puntiagudo como de matarife del rastro. Cañedo daba voces, pidiendo auxilio, e inerme como estaba sólo se defendía del violento agresor dando vueltas y más vueltas en torno de la mesa. El asesino no dejaba de tirarle a matar feroces puñaladas, diciéndole a la vez porción de soeces ignominias. Después de darle no sé cuántas heridas por las que se desangraba el pobre viejo seguía éste girando desesperado alrededor de la mesa y también el criminal continuaba abriéndole las carnes con el terrible cachicuerno.

Exhausto al fin Cañedo por la mucha sangre vertida, cayó en tierra y el asesino acabó de darle muerte, pasándole el corazón de claro en claro. Ya sin el menor movimiento, todavía, lleno de saña y furor, le anduvo clavando en un lado y otro el agudo y filoso belduque. Todo el cuerpo derramaba sangre. La alfombra estaba empapada con ella y hasta saltó por las paredes que quedaron llenas de mil salpicaduras bermejas. Treinta y una fueron las heridas que tenía Cañedo, muchas de ellas mortales de necesidad.

De esa crueldad tan fiera logró el feroz cavernícola un cuantioso y rico botín jamás esperado, con el que de seguro se iría a hacer rico para siempre, véase si no: el reloj de bolsillo, que no era de oro, sino una saboneta inglesa de plata, la corbata, el sombrero, unas cuantas camisas y la capa de buen paño con la que salió envuelto el pérfido homicida y que más tarde fué a empeñar en seis pesos. ¡Gran fortuna!

El criminal se llamaba José María Avilés. El asesinato no se supo en el hotel sino hasta bien pasadas las diez de la noche en que llegó el criado del señor Cañedo a la habitación y hallóse asustadísimo con aquella terrible carnicería; salió esa tarde con licencia de su amo a pasear con unos amigos y ver en las iglesias los lucidos monumentos. Se puso a dar grandes gritos y acudió la gente y toda la casa se perturbó, nada anduvo desde aquel instante en su orden regular sino revuelto y en bullicio. De allí partió la noticia a correr veloz por la ciudad, dejando por dondequiera consternación y espanto. Al día siguiente se honró con fúnebre pompa el cuerpo de don Juan de Dios. Con gran acompañamiento lo llevaron a San Diego, lugar de la sepultura.

La policía se puso en activo movimiento; hizo aprehensiones de sospechosos que luego soltó al convencerse bien de su inocencia. Se afirmó al principio que el móvil del asesinato fué robar a Cañedo, después se dijo que lo que motivó la muerte del diputado jalisciense fueran secretos asuntos de política y don Lucas Alamán, en su periódico monárquico *El Universal*, sostuvo con su peculiar valentía, que el general don Mariano Arista, ministro de la Guerra en el gabinete de don José Joaquín Herrera, fué quien dispuso matar a Cañedo por las hondas diferencias que tenía con él y que, además, deseaba quitarle ciertos documentos que grandemente comprometían su candidatura para presidente de la República. Habría, qué duda cabe, estas diferencias hondas e irrellenables, ya que entre políticos todo es posible, pero Arista no tuvo que ver ni mucho ni poco con esa muerte. Alamán se equivocó. No anduvo buen lógico o, como se decía antes, no acertó con la gramática.

El infame Avilés se quedó agazapado por algunos días en un oculto escondrijo, la casa de una antigua amante, y después, a la chita callando, partió para Temazcaltepec, a donde fué a dar hábilmente la policía y le quitó la libertad. Todo tembloroso y descolorido, el miedo lo hizo confesar cómo realizó su aleve hazaña. Un criado del hotel, llamado Clemente Villalpando, le dijo muy en secreto que en el cuarto número 38, que era el de don Juan de Dios Cañedo, habían metido tres repletas talegas de pesos, que no había visto sacar, y, por lo tanto, allí estaban guardadas, y que se podían hacer con ellas fácilmente; esto mismo le comunicaron a Rafael Negrete, mozo también del mismo hotel, y este tipo fué el que planeó la cosa: amarrar al señor, sacar la plata, y pies para qué os quiero. Añadió que a cada quien le tocarían mil pesos con los que para siempre iban a salir de pobres.

Avilés entró en el cuarto a realizar su cruenta fechoría y los otros dos sujetos se quedaron de vigilancia en el corredor, y cuando aquél salió todo rojo de sangre, diciendo tartamudo y asustado: "¡lo maté, lo maté!", huyeron los tres muy de prisa porque les ponía alas el miedo; valiéndose del favor que les hacían las tinieblas se metieron en la mísera casilla de la amasia de Avilés que tenía por un callejón suburbano. Querían encerrarse en las mismas entrañas de la tierra. Vivían los tres bandidos en un constante sobresalto, por lo que otra vez, amparándose de la noche con la obscuridad, se fueron al dicho pueblo de Temazcaltepec en donde se sentían libres de persecuciones. No sé cómo cogió la hebra la policía y dió con ellos después de tres meses de inútiles pesquisas por todos los más escondidos y apartados ostugos de la ciudad.

Se les trajo a México bien sujetos, y en un dos por tres se les substanció la causa a los muy viles; el juez, don Mariano Contreras, activo e íntegro, pronto cerró el proceso incoado contra ellos y pronunció la sentencia. A José María Avilés le echó el fallo de la última pena, al Clemente Villalpando y a su compinche Rafael Negrete, les señaló diez años de cárcel, igual castigo a los dos para que no tuvieran envidia, además, presenciarían ambos y muy cerca la ejecución de su cómplice, que iba a ser en la horca y al pie del balcón del cuarto en que vivía don Juan de Dios Cañedo y en el que se cometió el nefando asesinato, con toda premeditación, ventaja y alevosía.

El 8 de marzo de 1851, casi al año justo, se armó la horca en la calle del Espíritu Santo, hacia donde caía la habitación del señor Cañedo, y ante una gran multitud que acudió a presenciar la merecida ejecución, fué llevado Avilés casi sin aliento y medio desvanecido el muy cobarde, junto con sus pérfidos conmilitones para que vieran éstos cumplir la sentencia de su querido amigo, que pronto se iba a bambolear a todos los vientos. Con fuerte nudo le ajustaron al malhechor la soga a la garganta, lo izaron y por buen espacio de tiempo santiguó al pueblo con los talones. Había un gran silencio; nadie osaba moverse. El Villalpando, o el otro tal, cayó desmayado.

LAUS DEO SEMPER

CONTENIDO

Inquisición y crímenes, de Artemio de Valle-Arizpe, fue impreso en abril de 2008 en Q Graphics, y terminado en Encuadernaciones Maguntis, ambos en Iztapalapa, México, D.F. Teléfono: 56 40 90 62.